# 0壓力閒聊

ストレス0の雑談

「人と話すのが疲れる」がなくなる

井上智介——著

林于楟——譯

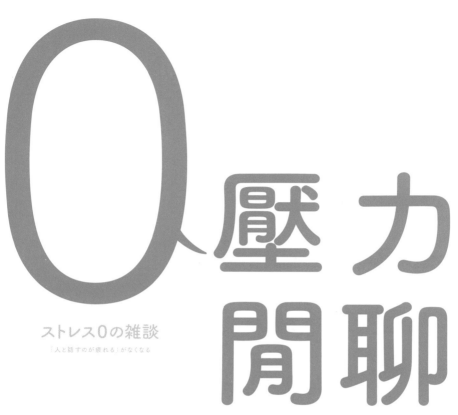

找不到話題

聊不下去好尷尬

害怕變得沉默

第一次和人見面總是很緊張

沒辦法把對方的話題擴展開

不知為何，只要一發言就會搞砸氣氛

沒辦法好好說出想說的話

寫給「對閒聊有壓力」的你。

# 前言

從今以後，你再也不需要心驚膽顫「到底該說什麼才好啊……」，緊張到手心捏把冷汗了。

也不需要平常隨時準備許多話題，或是模仿那些很會聊天的人。

看到以上這段話，你或許會感到有些驚訝吧。

本書並非寫了許多可以炒熱聊天氣氛的技巧，或是統整了一百個話題的書籍。

而是一本寫下「**讓你聊起天來沒有任何壓力的方法**」的書籍。

拿起本書的你，應該有下列這些煩惱吧：

「因為不懂怎麼閒話家常，跑業務的工作好痛苦……」

「休息時和大家聊天聊不起來，在職場上沒辦法融入大家……」

「我的溝通能力不如〇〇那般高超，所以人際關係很淡薄……」

你或許為了多少解決這樣的煩惱，從各式各樣的書籍或網路文章中學習能派上用場的技巧。

但應該也有到了要用時腦袋一片空白，結果沒辦法和人好好聊天的經驗吧。

反覆經歷這樣的經驗後，不只會沮喪，還會對這樣的自己不耐煩，更可能對自己喪失自信。

但請放心，**本書中寫了許多方法，帶你解決至今懷抱的煩惱。**

今後，當你遇到需要閒聊的場面時不須害怕，也不再會因為不順利而感到難過了，你可以活得更加自由自在。

晚了一步才向大家自我介紹，我是精神科醫師同時也是產業醫師，名叫井上智介。現在不只以精神科醫師的身分看診，也以產業醫師的身分，每個月走訪超過四十家公司，聽許多人來傾訴煩惱。

在這之中，我遇到了許多因為沒辦法好好和大家聊天，對職場人際關係發展不順感到壓力的人。

我想告訴有這類人際關係煩惱的人，可以**毫無壓力和大家順利聊天的方法**，所以才執筆寫下本書。

只不過這本書的內容，有許多方法的切入點可能和你先前看過的都不同，這是因為我是精神科醫師，而非交流溝通術的專家。

閒聊確實是交流溝通的一環。但還**請千萬別忘記，交流溝通的基礎**

**並非「技術」而是「人心」**。你至今學了那麼多技巧卻沒辦法解決煩惱，正是因為你處於「見木不見林」的狀態中。

正因為我平常就以人心為對象工作，我很有自信能告訴大家許多全新方法。因此，我在本書中告訴大家的方法，都是以我身為精神科醫師的經驗為基礎統整出來的。

當然，就算你稍微懂得閒聊了，也不代表會出現「突然變得超受異性歡迎」，或「工作效率一口氣提升」等戲劇性變化。

但就算只是從每天針扎似刺痛心臟的壓力中解脫，我認為已是十分美妙的變化了。

「今天預定要去見一個第一次見面的人，好討厭喔……」

「和別人說太多話，疲倦感一口氣暴增……」

只要消除這類煩惱，**肯定就能讓你活得比過去更加輕鬆**。

這次在本書中介紹的閒聊技巧，是精神醫學及心理學專業領域的人也會使用的切入點。實際上活躍在醫院等地的心理諮商師也偷偷活用這些技巧。

我從這些專業技巧中，統整出容易感受到效果的技巧，接著將其加以改編，讓所有立場的人都可以在日常生活中使用。

本書肯定能完全刷新你對閒聊的印象，讓你原本模糊不清的視野瞬間開明。

請務必來確認，透過閒聊，不僅是對方，連你自己也能感受到幸福的全新世界。

井上智介

CONTENTS



STEP 0

## 壓力直線上升對閒聊的誤解

STEP 1

# 沒有壓力的閒聊目的

STEP 2

# 閒聊中不可或缺的自我揭露

STEP 3

# 消除對話中斷壓力的話題

STEP 4

# 雙方都感到輕鬆的傾聽方法

STEP 5
# 不會破壞信賴關係的說話方法

STEP 0

# 對閒聊的誤解

## 壓力直線上升

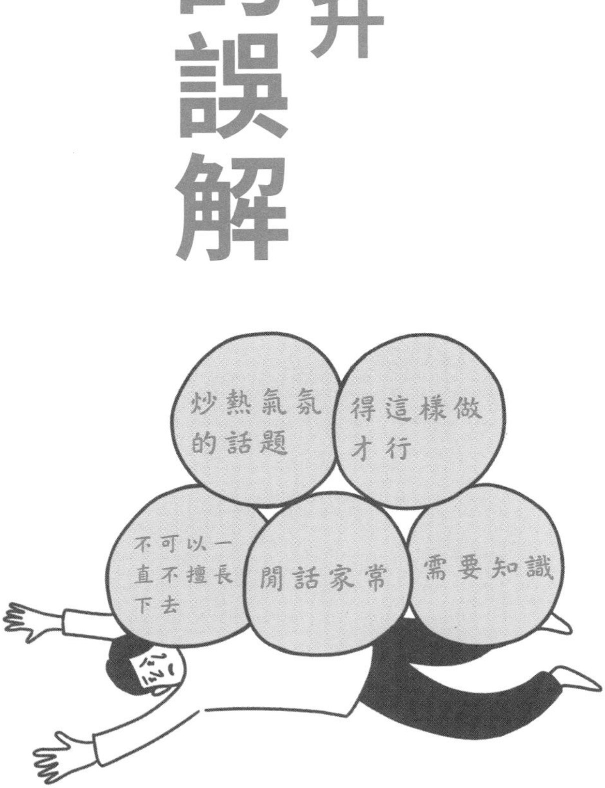

炒熱氣氛的話題
得這樣做才行
不可以一直不擅長下去
閒話家常
需要知識

# 其實根本不需要閒聊

## 真的需要煩惱嗎？

我想，拿起本書翻閱的你，應該對閒聊有許多不好的回憶吧。

我身為精神科醫師與產業醫師，至今聽過許多人傾訴煩惱。

其中，我常常聽到以下這類煩惱諮商。

「不管調動到哪個部門，都因為和同事聊天聊不下去，沒辦法融入大家，在職場中找不到容身之處。」

「我是業務員，每次當我想要閒聊炒熱氣氛時，總會把氣氛搞得很尷尬，工作讓我壓力很大。」

這些人的共通點就是認為「自己不擅長閒聊」。

你是否也曾有過「和第一次見面的人開啟對話，但聊沒兩句就聊不下去，接下來只有無限沉默」的經驗呢？

或者「通勤時在車站遇到平常少有接觸的公司前輩，結果在尷尬氣氛中走到公司」的經驗呢？

我想，你應該是遇到與認識的人獨處時，會下意識想著「得和對方聊聊天才行」的人。

常常有上班族問我：「在電梯碰到平常不怎麼有交集的同事時，到底該說些什麼才好呢？」

我的回答是：**「不用勉強自己閒聊也沒關係。」**

想要讓自己更會聊天而閱讀本書的朋友，應該嚇了一跳吧。當你內心有「總覺得很難用口頭表達，但就是很難開口說話耶」的心情時，別勉強自己說話比較好。從心理學觀點來思考，就能明白其中理由。

## 「總覺得好難開口喔」會傳染

其實，在壓力中開啟的對話，有帶給對方負面印象的作用。

你是否曾經有過，當你感覺不安，心想「糟糕，他可能會看穿我很不安」時，又讓不安更加擴大的經驗呢？先不論是否為事實，認為自己心思被看穿是種名為**「被洞悉錯覺」**的現象。

接下來會誘發**「情緒傳染」**的現象。就像你看見小嬰兒笑，你也會不自覺跟著微笑；或者看見有人難過，你也會跟著難過起來。就像這樣，人類的情緒也會出現類似聲音共鳴的現象。

也就是說，就算對方原本沒感覺到你不安或緊張，也會因為你自己誤以為「對方可能發現我很不安」而加深不安感，最後讓對方真的發現你很不安了。

從這個心理機制來思考，當你懷抱「感覺好難開口」的負面情感還勉強自己開口聊天，就會讓對方感受到你的負面情感。開口說話想促進雙方交流卻反而可能讓彼此的關係惡化。

# 不需要變得「擅長」閒聊

## 你對閒聊的那個印象或許很危險喔？

而且話說回來，讓大家相當煩惱的「閒聊」到底是什麼東西啊？我在某本辭典查詢「閒聊」這個詞彙後，出現以下解釋：

「輕鬆談論各種內容的話題。

或者是話題本身。無關緊要的話題。」

確實，提起閒聊，應該許多人對閒聊有以下的印象：

・無關緊要的對話
・可以炒熱氣氛的對話
・需要有廣泛知識的對話

請讓我從結論說起，**「這個刻板印象就是所有壓力的來源」**。

如果你一直對閒聊有以上印象，那你應該在所有場面都感到相當痛苦。

舉例來說，「無關緊要的對話」換句話說可以變成**「沒有目的的漫談」**，某種意義上來說就是無可捉摸，對話的終點總是走一步算一步的感覺。

也就是說，每當對象與狀況改變，都需要讓腦袋全速運轉，隨機應變每種狀況。滿腦子出現「該怎樣擴展對話內容、該怎樣結束這個對話」的煩惱，只會讓你無比疲憊。

另外，有許多人對閒聊抱持跟搞笑藝人的表演一樣，有完美架構與笑點的「炒熱氣氛的對話」的印象。但搞笑藝人在電視上的表演，那是**說話專家才能表現出的說話技藝，是種「藝術」**。藝術不是有樣學樣就能模仿來的東西，勉強模仿只會畫虎不成反類犬。

而關於「需要廣泛知識的對話」這點，配合對方丟話題確實可以擴展對話的廣度。

但理所當然的，**擁有全方位各領域的知識不是件容易的事情**。如果把知識量當作閒聊時的手段，當你不懂的主題成為話題時，你就會不知道該如何應對。

## 「不擅長閒聊」不是缺點

關於這些對閒聊的印象，或許是你想到身邊「擅長閒聊的人」後產生的印象。

我認為那些人原本就是特別擅長隨機應變各種狀況，或是溝通能力相當強的人。

如果你正因為「不擅長閒聊」而煩惱，拿這類擅長閒聊的人當作參考或許有點危險。想要模仿他人擅長的事情，也只會讓你徒增「明明那個人可以做得這麼好耶……」的感受，只是助長你對其感覺不擅長的情緒。

每個人都有各自擅長與不擅長的事情。

但因為傳統的教育等因素，讓我們容易產生「所有事情都要達到平均值以上才好」的死心眼想法。

但實際出社會後，你會發現不是「所有事情都達平均值」就能獲得他人讚賞。就算有不擅長的事情，只要擅長之處特別突出就能獲得好評，或容易找到讓自己過得更舒適的環境。

閒聊也是相同，擅長的人走向可以活用這項能力的地方，不擅長的人加以活用自己其他擅長的事情才能活得更輕鬆。

**「不擅長閒聊」是你的特質而非缺點**，所以不需要與身邊的人比較後焦慮「我也得要變得更加擅長才行……」。

# 「零壓力閒聊」的好處

## 獲得「信賴」與「資訊」

正如我以上所述，閒聊並非一件「非做不可的事情」。

但若是說「那麼別讓日常生活中有閒聊的機會比較好嗎？」，我也不這麼認為。這是因為，**如果是沒有任何壓力的輕鬆閒聊，可以從中獲得許多好處**。實際上我自己在工作中也會積極聊天，享受其帶來的恩惠。

閒聊的優點，首要提到的就是**「可以拉近與對方的距離」**，常聽到在閒聊中理解了彼此的人品，進而產生信賴關係的例子。

不僅如此，閒聊還能稍微**交換一下資訊**。享受未知的世界，接觸不同的想法，也可以滿足你知識上的好奇心，或許也能進一步觸發你在工作上有新想法。

## 會成為抒發壓力的「藥物」

沒有壓力的閒聊，不只能帶來上述人際關係或資訊面的好處，也可以帶給你的心靈正面影響。

閒聊擁有「心靈的淨化作用」（Catharsis），如果是在職場中，與工作無關的閒聊會變成洩壓閥，讓你的腦袋得以休息。

原本對你來說是壓力來源的閒聊，只要好好運用，也能替你消除日常生活中的壓力。

這並非個人事務，現已知閒聊也可以提升職場整體的活性化以及幸福感，最近因為在家工作或遠距工作而讓透過線上工作的比例增加，應該有不少人因此一口氣減少了許多閒聊的機會。因為這層影響，無法好好發洩壓力而開始感到痛苦的人的比例正逐漸增加。從這件事也可看出閒聊有非常多的好處。

就像這樣，「零壓力閒聊」可以帶給我們的日常生活許多巨大效應。完全不需要變得很擅長，首先就透過本書，讓閒聊從**「產生壓力的毒藥」**變成**「消除壓力的良藥」**吧。

## 本書的五大步驟

想要不再對閒聊感到壓力，最重要的就是按照五個步驟順序，確實掌握要點。本書內容就是依步驟順序架構而成。

首先第一步驟是設定**「目的」**。當你想要學習什麼、訓練什麼時，為了不在中途產生迷惘，就需要一個明確的路標。先設定一個當你遇到任何場面都不會失去主軸的閒聊目的吧。

第二個主題是**「自我揭露」**，自我揭露為閒聊的絕對原則，但非常多人會在此挫折。為了這些人，我也在此準備了具體的工作表單。

第三個是**「話題」**。在此不是要教你怎麼儲存話題，而是要介紹面對所有對象都能使用的廣用型規則。

第四個是**「傾聽方法」**。常聽人說，溝通能力中最重要的能力就是傾聽能力。從這邊具體學習無法聽人說話的原因以及改善的訣竅吧。

接著是最後一個步驟，**「說話方法」**。在此要介紹給大家的並非巧妙的說話方法，而是不會破壞信賴關係的說話方法。學會後就不會帶給對方不快，你也能安心和對方閒聊了。

即使是感覺「不擅長閒聊」的你，肯定也在和好朋友與家人聊天時感覺幸福。應該也有人在和某人開心聊天後，一整天都感覺相當充實。

**沒有壓力的溝通交流本來就是件快樂的事情**，希望你在看完本書後，不管面對怎樣的對象，身處怎樣的場面，都能盡情享受閒聊。那麼，我們就進入第一個步驟吧。

STEP 1

# 沒有壓力的閒聊目的

# 有路標就不再迷惘

## 只會增加壓力的NG目的

接下來，一起來思考零壓力閒聊的路標「目的」吧。

說起閒聊的目的，應該會讓你想到：

・業務員的工作中，進入正題前用來炒熱氣氛

・增加做生意的機會

・消除尷尬的沉默時間

等各式各樣的事情吧。

這些想法本身並沒有錯誤，但**這些目的很有可能變成你的壓力來源**。

舉例來說，下列兩個是我特別不推崇的NG目的。

## NG 1 為了提升親密度

閒聊可以提升親密度這個想法本身沒錯，但絕非所有人都適用。而且話說回來，想著「我想提升和這個人的親密度」而和對方閒聊才真的少見吧。

舉例來說，你會想將上司、客戶、只是單純認識的人等閒聊對象間的親密度提升到哪個程度呢？把目的擺在非真心的地方，其過程也只會讓你感到相當痛苦，最後還會馬腳盡出，結果只是讓你承受更大的壓力。

NG 2 為了填補空檔

或許有人會把閒聊目的定位在「填補空檔」上，但根據時間與場合不同，時間長短也有所不同。

舉例來說，因為什麼會議而和首次碰面的人見面時，極有可能在最開始的五分鐘交雜些輕鬆的閒聊。或者是當你在家裡附近的超市碰見住同一棟公寓的點頭之交，然後一同走回公寓，那就必須要起碼閒聊十分鐘左右吧。

像這樣配合狀況發展出適當的閒聊其實是件相當困難的事情，「填補空檔」這個目的會帶給你相當大的負擔。

## 閒聊的目的是「款待」

為了讓你可以閒聊起來沒壓力，我最推薦的目的就是「**款待**」。

為什麼要把「款待」當成目的呢？這是因為當你款待對方時，也可以帶給自己良性影響。

到目前為止，你是否有過受到他人親切對待後，心口暖起來的經驗呢？

當你款待他人時，身體會分泌名為「催產素」的賀爾蒙。這能緩解不安與緊張，讓你放鬆以及提升幸福感。不僅如此，還有報告指出有讓心情變得樂觀積極的效果。

**在你做出「款待」閒聊時，不僅能消除自己的不安與緊張，還有放**

**鬆效果**。

當然，在你款待對方時，對方會感覺和你共度的時光相當舒適，也就容易對你敞開心胸。接著對你的存在感到安心進而產生愛戀，以信賴為基礎建立起彼此的關係。

## 因為「有時限」才有辦法閒聊

只不過或許有人會覺得「就算有正面效應，要一直維持『款待』也是件難事」吧。

請放心，**閒聊絕對會有結束的一刻**。

可以認為幾乎不會遇到讓你和不知道該說什麼的對象，連續閒聊長達一小時的狀況，就算再長也大概二十分鐘左右吧。

就算你再不擅長閒聊或對話，就算尷尬的時間不停延續，遲早都會迎接擅自結束的那一刻。

當你在中途遇到持續沉默時，或許你的腦袋會一片空白，想著「該說些什麼才行……」吧。

遇到這種時候，請你務必當作事不關己地在心中想著：「哎呀，就算有點尷尬，遲早都會結束，算了沒關係。」

這種想法可以讓你俯瞰自己，就能自然放鬆下來。而處於這種心理狀態時，你才終於能「款待對方」。

# 稱霸「問候」者就能稱霸閒聊

## 只要能通過第一印象就及格了

只要秉持著「款待」這個目的，就能讓你不管在哪種場面都能毫不迷惘地與人閒聊。而當你與對方的心理距離拉近後，這個款待就會更有效果。其實，有個一句話就能縮短距離的方法。

那就是「**問候**」。

問候會大幅左右給人的第一印象。如果初次問候不順利，在那之後不管使出多高超的技巧，也很難拉近彼此的距離。

人類在判斷事情時，會無意識地對照過去的經驗或資訊，加以結合後再下判斷。

美國心理學家提摩西・威爾遜（Timothy Wilson）提出，人類一秒鐘接收一萬四千個視覺資訊，接著處理其中大約四十個資訊後，瞬間判斷各類事情。

因為這樣的處理程序，當你走在路上看到有大卡車朝你衝過來時，你也能瞬間判斷該往哪裡逃，這被稱為「適應性潛意識」。

而**這個適應性潛意識也會在第一次見面的人身上起作用**。所以如果你初次問候時聲音細小且含糊不清，對方就會提高對你的警戒。

關於這件事有個有趣的實驗，在此介紹給大家。

## 人的印象在兩秒內決定

史丹佛大學的納莉尼・安巴迪（Nalini Ambady）教授，讓彼此互為第一次見面的學生與老師交流。

時間分別為從兩秒、五秒到十秒，接著再拉長到幾分鐘，她讓參與者重複與相同對象對話。

在那之後向學生們確認他們對老師的印象。

接著發現，無論是兩秒後的印象、五秒後的印象，甚至是之後長達幾分鐘，學生對老師的印象都沒有改變。

也就是說，**一開始的兩秒鐘已經決定好對一個人的印象**，在那之後不管經過幾分鐘都很難加以改變。

你和閒聊對象的關係越疏遠，一開始的兩秒大多都是招呼問候吧。

只要問候發揮良好效果，你就可能帶給對方更正向的情緒，讓你可以站在良好交流溝通的入口。

另外，招呼問候也是個確實認同對方存在的行為。而這件事**有滿足對方的被認同慾望的效果**。

試想，如果你早上到公司時同事們沒有向你打招呼，你會感覺怎麼樣呢？我想大多數的人都會感到深受打擊吧。這或許屬於潛意識的範疇，但只要聽到別人向你打招呼，就會讓人產生「我人就在這裡」的想法。

就像這樣，在影響閒聊前，招呼問候是個直接帶給人際關係巨大影響的行為。所以感覺自己不擅長與人說話的人，首先從多注意招呼問候開始做起吧。

# 創造好印象的三要點

## 印象九成由「表情」與「聲音」決定

那麼，接下來一起思考，當你將「款待」擺在主軸時，要怎樣打招呼問候才能帶給對方好印象呢？

從結論來說，**打招呼時特別需要重視表情與聲音**。

其理由可以從以下提及的，美國心理學家麥拉賓（Mehrabian）所導出的公式得知。

**讓對方感受的態度＝言語×0.07＋聲調×0.38＋臉×0.55**

這代表讓對方感受到的資訊中，言語（對話內容）造成的影響僅僅只有百分之七，而另一方面臉（表情）造成的影響有百分之五十五，聲調（聲音）造成的影響有百分之三十八，也就是相加後有超過百分之九十的影響力。

那麼，具體來說需要注意怎樣的表情與聲音呢？

## 1 笑容是基本中的基本

首先，**招呼問候時的基本表情就是「笑容」**。和誰見面時，請隨時提醒自己平常就要注意彎眼、揚起嘴角向人打招呼。或許你會覺得「笑著打招呼」是理所當然的吧，但我身為產業醫師前往許多公司工作時發現，大家平常在辦公室裡的表情都很陰沉。

請你實際上別有任何想法，照鏡子看看自己平時的表情，那帶給你怎樣的印象呢？就算是自己的臉，面無表情果然還是給人恐怖的印象吧。當你心情不從容時，表情應該更加恐怖。

當你也明白自己相當緊張時，請別勉強自己與別人閒聊。頂著一張恐怖表情和對方說話，只會讓對方留下負面印象，沒有任何好處。

如果是這樣，那倒不如一開始就全神貫注在滿臉笑容打招呼上，接著立刻進入公事正題，結束後自然離去會更好。

## 2 略高的聲調最好

接下來是聲音，當你打招呼時，請注意聲調的高低。

你知道自己的聲音偏高還是偏低嗎？如果你想要帶給對方開朗的印象，**那在「款待」問候中，最好發出聲調略高的聲音**。

低沉的聲音可以給他人認真、冷靜的印象，但也有不易聽清楚的缺點。特別是關係疏遠的人還可能產生「他是不是心情不好啊？」的疑問，可能有帶給對方難以親近印象的風險。

即使如此，如果你原本的聲音很低沉，怎樣都沒辦法發出略高的聲音時，那維持低沉聲音也沒有關係，**此時說話的速度就要稍微快一點**，如此一來可以為你的聲音增添輕快感，避免帶給對方沉重的感覺。

## 絕對要自己主動先問候

當你意識著自己的表情與聲音打招呼後，在你開始閒聊前，對方應該已經對你留下好印象了。只不過，打招呼時還有另一件重要的事情。

那就是**「你要主動先打招呼」**。

這個順序最為重要，甚至超越笑容與稍高的音調。

我感覺，覺得自己不擅長對話的人，有不小心擺出等待對方開口說話的態度的傾向。就算不擅長與他人對話，唯有打招呼問候，也要積極由自己先開口。

到目前為止，你應該不曾在他人向你打招呼時感到不悅吧。聽到別人對自己打招呼，會感覺自己的存在為對方所接納，讓人產生暖呼呼的心情。

也就是說，從你開口向對方打招呼的那一刻起，你已經開始款待對方了。不只是先主動打招呼就能讓對方留下好印象，在接下來的閒聊中，你也更容易掌握話題主導權。也就是說，先打招呼這件事可以帶給你極大的好處。

## 消滅「總是忘了要先問候」

就像這樣，打招呼問候是創造出零壓力閒聊的基礎，從日常生活中開始鍛鍊起吧。

平常你應該有總是讓你忘了打聲招呼的對象吧。可能是公寓管理員、住附近常見面的點頭之交、公司大樓的警衛及清潔人員、公司其他部門不怎麼接觸的同事等等。請你當作訓練，在心中意識著**「笑容、偏高音調、自己主動」**這三點，向這些人打招呼吧。

我想，閱讀本書的人當中，有非常多人希望知道簡單、迅速讓自己變得擅長閒聊或對話的方法。但是，沒辦法好好打招呼的人，也不可能練就出擅長閒聊的能力。為了讓之後的閒聊可以更順利進行，請努力創造良好的第一印象。說極端一點，用**「第一次只要能好好打招呼就及格了！」**的心情也沒關係。

Column 1

# 自然展露笑容的放鬆運動

前面向大家提到，閒聊中占一席之地的「問候」中，笑容相當重要。你只要露出笑容，就能讓對方感覺「他很享受這段時光呢」而放心，進而創造出讓人感到舒適的閒聊。

而創造舒適的笑容並非「擠出來」而是自然「流露」。

只不過，如果你的臉部肌肉太僵硬，就沒辦法自然露出笑容。在此，就需要放鬆一下眼、口周圍的肌肉。為了確認看在對方眼裡是什麼模樣，建議看著鏡子放鬆會更有效果。

左頁為放鬆運動，每天各自做個五組吧。早上洗臉或刷完牙之後等等，建議大家可以在一天的開始做這個運動。

〈嘴巴周邊的放鬆運動〉

①維持「一」五秒鐘

②維持「啊」五秒鐘

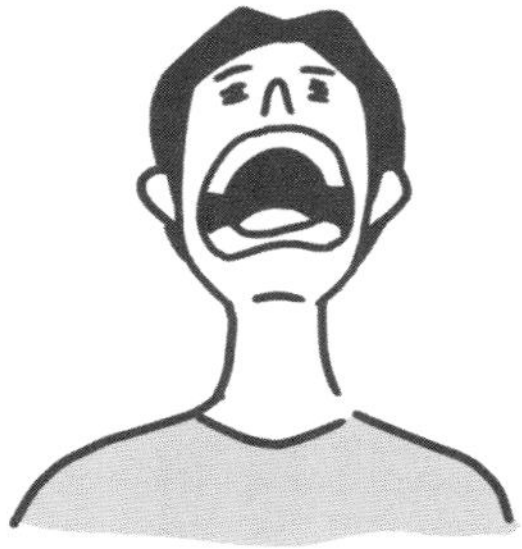

〈眼睛周邊的放鬆運動〉

①用力睜大五秒鐘

②用力緊閉五秒鐘

Column 2

# 消除緊張的問候訓練

我在前面提到問候時的三大要點，其中最重要的就是「自己主動開口問候」。不僅限於閒聊，幾乎所有交流溝通都起始於打招呼問候。只要有個好的開始，就能一口氣減輕閒聊時的壓力。

只不過，到目前為止都沒特別意識著問候的人，可能會因為太緊張發不出聲音來，或者是表情相當僵硬，這點就只能靠實踐慢慢習慣了。

在此，請在日常生活中多注意增加「自己主動」打招呼的次數吧。

重點在「今天要自己主動向五個人打招呼」等決定好人數。只要有具體的目標，自然能增加成功的經驗，請參考以下的要點挑戰看看吧。

## 要點①好好看對方眼睛

## 要點②呼喊對方的名字

# STEP 2

# 閒聊中不可或缺的自我揭露

# 「自我揭露」的效果與效能

## 壓力源自於「不信任感」

在前面的章節提到，將閒聊目的定位於「款待」後，就能帶給自己與對方良性影響。

但即使你有想要款待對方的心情，只要對方帶有負面情緒，你們之間的閒聊絕對不可能順利。不管受到怎樣的親切對待，人只要不知道對方是怎樣的人，就會懷抱不信任感與恐懼感。

也就是說，不只閒聊，在所有交流溝通當中，你都必須向對方展現你是個怎樣的人。

在此使用的技巧就是**「自我揭露」**。

只要揭露出「自己是這樣的人」就可以緩解對方的不信任感，讓對方安心。不僅如此，這也是個間接表現出信賴對方，「我認為把自己的資訊告訴你也沒有關係」的行為。

如此一來，對方也會產生「他都這樣敞開心胸告訴我他自己的事情了，我也得同樣告訴他我自己的事情才行」的想法，這被稱為「互惠原理」，是個「接受他人恩惠時，我也得回以相同恩惠」的人類心理。

重複以上互動後，原本疏遠的關係就會逐步變得親密。

面對心理距離親密的對象，在閒聊時也不容易感覺壓力。也就是說，**「自我揭露」是達成零壓力閒聊不可或缺的要素。**

## 調整對話的門檻

我自己在工作上也積極活用自我揭露。

因為我以產業醫生的身分工作，所以有非常多與第一次見面的人說話的機會。在這之中，有許多健康方面有問題、加班時間太長等，在工作方法上面遇到問題的人。

此時要是被產業醫生找去說話，就會出現「可能會被警告什麼事情……」的想法，大家多少都會帶著警戒心。因此回答我的提問時，有說出「符合常理」答案的傾向。

產業醫師是為了協助員工健康才會到公司去，當然不會對員工生氣，也會和員工一起思考改善方法。但如果抱持著警戒心，就算我只是提出建言，對方也只會留下「我被醫生警告了……」的負面記憶。

於是我常常會以

「如果可以的話，我真想要翹班回家看搞笑綜藝節目耶～」

這類自我揭露的內容開頭。

讓對方產生「原來醫生也會想要翹班啊」的想法後，**就能將對話的門檻調低。**

如此一來，患者也容易說出「其實我很想要請假」等等的真心話，而我也能提出身為醫生最恰當的建言。

## 可成為量測心理距離的「尺規」

另外，自我揭露在閒聊中很重要的理由，不僅只有能帶給對方安心感，降低對話門檻。

**還可以成為量測對方想要與你有怎樣的距離感的尺規。**

如果你已經向對方自我揭露到某種程度，卻得不到對方同樣自我揭露時，這表示你不受對方歡迎。這就可以變成判斷基準，預防自己不小心做出踏入對方私人領域的失禮行為。

自我揭露確實可以讓對方安心，讓對方產生好感，但絕非等比例的關係。在你提供太多資訊後，對方也會繃起神經想著「我也得回以相同回報才行」，所以要避免會帶給對方負擔的自我揭露。

## 自我揭露的有效使用方法

正如上述，自我揭露需要多加注意使用方法，但只要運用恰當，就能得到以下效果。

## 1 給對方特別感

自我揭露也有著「坦白自己秘密」的一面，這會讓對方感受到特別感。特別是面對你想要多少提升親密度的對象，可以試著：

「這種話只能對你說，其實我啊……」

「我跟你說，你別跟別人說喔，其實我……」

用這樣的句型自我揭露。

如此一來會讓對方產生「因為他信賴我才對我說這些話」，**可以滿足對方的求認同慾望。**

這能一口氣縮短心理距離，也能讓閒聊自然而然聊得熱烈。

## 2 可以成為話題切入點

另外，自我揭露也可以成為話題的切入點。

如果對方毫無預兆突然問你一句「請問你曾經加入健身房嗎？」，你也會因為突如其來的話題而神經緊繃吧。

但這也能在先行自我揭露後，帶出「為什麼現在會提到這件事」，舉例來說，可見以下範例：

A：「我對健身房很有興趣，但遲遲找不到機會開始……請問你曾經加入健身房嗎？」

B：「我看見去年健康檢查的結果後，想著不能再這樣下去，所以一月那時加入了。」

A：「我很擔心有沒有辦法持續下去，請問有什麼訣竅嗎？」

B：「找朋友一起去，或是在健身房裡交朋友比較好喔，自己一個人很難持續下去。」

就像這樣，把自我揭露當成話題切入點，不僅可以緩解對方的警戒心，還能表達出你自己的狀況（想加入健身房但很猶豫）。

如此一來，不僅能在自己的領域中說話，對方的回應也會更加具體，就容易將話題擴展開。

## 3 進一步理解自己

除此之外，自我揭露不僅有對他人的效果，也有個讓自己的心產生巨大變化的好處。那就是，**可以更加深入理解自己。**

舉例來說，原本明明沒有很明確的意見，但就在和誰聊天的過程中，越來越清楚理解其意識與該如何面對，你是否有過這樣的經驗呢？這被稱為客觀自覺狀態，是自己的意見開始出現一致性的狀態。

就剛剛的例子來說，原本對要不要去健身房還只有很籠統的想法，但就在找對方商量、聽對方意見的過程中，開始自覺「我果然就是想要去健身房」。

可以帶給對方安心感與特別感，有時也可以成為話題的切入點，還能加深自我理解。自我揭露就有這麼多的好處。

# 不擅長自我揭露的人有這些特徵

## 克服「警戒心」與「自我肯定感」

儘管自我揭露能帶來如此好的效果，但有些人天生就很不擅長說自己的事情。

這些人大致分類後，多會符合**「警戒心太強」**或是**「自我肯定感低落」**其中一種狀況。

兩者皆受天生特質強烈影響，但只要適當應對後，就能漸漸變得有辦法自我揭露。

## 1 警戒心可以利用接觸次數來緩和

首先，對他人警戒心太強的人，原本就有私人領域比他人寬廣的傾向。這類人非常不擅長與他人近距離接觸，特別對他人毫不客氣踏進自己心中有強烈恐懼感。為了避免這類事情發生，會加強自己的警戒心，因而無法自我揭露。

另外，有些人也很擔心把自己的資訊告訴對方後，會不會經由這個人再傳到第三者耳中。

有這類擔心的人，**可以試著在自我揭露前，先以提升和閒聊對象的親密度為目標**。只要慢慢提升親密度，對這個人自我揭露的門檻也會逐漸降低。

想提升親密度有個訣竅，舉例來說，如果和對方接觸的時間是「一次一小時」或「六次十分鐘」，肯定是後者的親密度會壓倒性變高。或許你曾聽過單純曝光效應（Mere Exposure Effect）這名詞，在人際關係中，比起時間長短，次數多寡會帶來更好的影響。像這樣，你對對方的警戒心也會漸漸降低，首先先意識替自己創造出能夠自我揭露的心理狀態。

## 2 自我肯定感低落從「無自覺」中而來

自我肯定感低落而沒有自信的人也很不擅長自我揭露。因為這些人對開口說自己的事情有「會不會被對方討厭」、「會不會被他覺得我是怪咖」等不安。

這樣的人需要實際體認「就算自我揭露也不會有任何問題」，只不過，**其實幾乎所有人早已辦到自我揭露這件事了。**

自報姓名、簡單地自我介紹，這類自然的行為也是自我揭露的一種。也就是說，就算是自我肯定感低落的人，也早已做到自我揭露。首先試著自覺這個事實吧。

只要自覺「我並非沒辦法做出自我揭露」後，再接著揭露稍微深入（自己的日常生活或是每天的想法）的話題吧。

此時有兩個訣竅，那就是**「從親密度高的人開始練習起」**與**「選擇不會出現對立的話題」**。面對親密度高的人，除非出現特別狀況，要不然很難會感覺「聊天失敗了」吧。另外，避免政治等容易產生對立的話題，以興趣或工作為主題，就算對方提出不同的意見，也能當成對話的一種而樂在其中。

為了消除不擅長自我揭露的感覺，最重要的就是實際感受「開口說自己的事情也沒關係」。先從短時間挑戰起，或是和關係良好的人開始做起，累積實踐經驗，累積成功經驗是讓你克服不擅長的方法。

# 自我揭露的好壞決定於準備階段

## 沒有正確理解自己的思考

講到這裡，大家理解自我揭露的重要性，以及消除不擅長感受的辦法了嗎？但如果想不出來最重要的「自己的事情」，就沒辦法自我揭露了呀。

有一說「現代人一天思考六萬次」，那麼大家記得今天一天思考的六萬次的內容嗎？我想，應該沒有人記得所有思考過的事情吧。

我們因為生活太忙碌，**就連自己在思考些什麼都沒有準確的認知。**

在這之中，即使想要自我揭露說些自己的事情，應該也遲遲想不到該說什麼。舉例來說，應該有許多人就算聽到「你的興趣是什麼？」這類稀鬆平常的提問，也不知道該如何回答而不知所措。

也就是說，我們需要刻意準備一段好好面對自己的時間。或許你會感覺有點繞遠路，但只要理解自己後就能讓心情產生從容。自我理解是零壓力交流溝通的基礎。

## 有效理解自己的五個主題

接下來，為了讓你理解自己，一起來回顧某些主題吧。

其為以下這五個主題。

①興趣
②工作

③關注的事情
④小故事、經驗
⑤人生大事件

這些主題除了可以讓你有效理解自己外，也容易直接變成閒聊的主題。為此，把這個當成**「自我理解工作表單」**寫在筆記本上會更加有效果。只要寫出來，隨時都可以回顧。

另外，回顧時的重點要從**「事實、情緒、價值觀」這三個觀點來回顧。**透過這些觀點，讓你自我揭露的範疇變得更加廣泛。

那麼，我們逐一來確認回顧時的訣竅吧。

## 1 興趣

當他人認真詢問「你的興趣是什麼？」時，可能有人會答不上來。

早就沒有學習什麼才藝，放假看電視或影片度過，沒有稱得上興趣的東西……

這樣的人首先**試著先以一小時為單位，回顧最近一次假日是怎樣度過的吧。**

結果發現「我花了很長時間看漫畫」，這就可以說是你的興趣了。像這樣回顧自己的時間後，肯定可以找出你不小心就投入非常多時間的事情。這就是你的興趣中的「事實」。

接下來，試著思考對這個興趣的「情緒」。

說起對興趣的情緒，你或許會想到很正向積極的心情，其實那也不一定。肯定也有「一整天都在看漫畫懶散度過，到了傍晚會有點後悔」這類負面情緒。包含這些在內，不加修飾全部赤裸寫出吧。而這正是擁有你自我風格的自我揭露。

最後，試著思考「價值觀」吧。

請你針對興趣寫出個人的見解與意見。這是你的價值觀、意見，所以無須在意那是否與社會普遍的意見相符，請老實寫下自己的想法。「如果說自己的興趣是看漫畫，聽起來很容易被認為是室內派」、「買紙本書，書架很快會放不下，所以我覺得買電子書比較好」等等，請自由書寫。

就像這樣，從「事實、情緒、價值觀」等觀點回顧自己的興趣後，在閒聊中出現相近話題時，你就可以適時揭露自我。在此之前，或許在被問到興趣問題時也沒辦法好好回答，但在理解自己後，就可以消除這個煩惱。

## 2 工作

寫完興趣後，接下來以相同方法回顧工作吧。工作的「事實」就是現在公司的相關資訊，自己現正從事的業務內容等等，我想應該是個能毫不遲疑寫出來的主題。

只是，關於對工作的「情緒」與「價值觀」，或許有人根本沒有仔細思考過。書寫時的訣竅，就是要好好面對細節資訊以及每個業務內容。「雖然是間小公司，但這樣的規模讓我感到很舒適」、「我喜歡文書工作，但很討厭接聽電話」等等，試著面對每個正面情緒與負面情緒。接著如果狀況允許，請試著深入探討「為什麼會這樣想呢？」。

不僅為了自我揭露，關於花費日常生活一半以上時間的工作，我也希望大家可以重視這段好好面對自己心情的時光。**而這個主題在與同事間的閒聊中特別有用**，希望大家務必可以花費充足的時間面對。

## 3 關注的事情

關注的事情並非自己「詳知的事情」而是「在意的事情」，所以是容易擴展閒聊話題範疇的主題。但我想應該有許多人會在這邊停筆吧。特別是最近，「我不知道自己想做什麼……」、「我不知道自己對什麼有興趣……」的人急速增加。一般認為這有兩大理由。

第一個理由，因為網路興盛，很輕易就能知道社會一般認為正確的方針或方向。

舉例來說，假設你在通勤途中發現一間讓你很感興趣的咖啡廳。就在你想進去一探究竟時，找到了最近很紅的咖啡廳就開在附近的其他資訊。

被這個資訊左右，**比起你「想去這家咖啡廳看看」的心情，你會以思考為優先。**因此，你心裡自然產生的「想試試看」的心情，會回到腦袋裡檢討這是否為正確的選擇。在與其他事情相比較後，順從自己心情的經驗因而減少，這就會造就出不知道自己到底對什麼感興趣的煩惱。

另外一個理由，雖然有點敏感，可以歸咎於幼年期受到父母的影響。隨著時代進步，父母在育兒時也容易獲取社會普遍認為正確的資訊。如此一來，就容易被「幼兒園時期讓孩子學這個比較好」、「從小學低年級開始補習比較好」等思考束縛。

你在孩提時代或許也曾主張「我想做這個」、「我想做那個」吧，而這也在數次被迫走上父母認為正確而替你鋪好的軌道時，開始不知道該拿自己「想這樣做」的心情如何是好了。

如果一直持續這種狀態，當然就很難填滿有興趣之事的工作表單。

在此，身為一位精神科醫師，將替「不知道自己對什麼有興趣」的人，具體說明到底該怎麼做才好。

首先，**請用心積極地度過一個人的獨處時光**。

為了找到現在想做的事情或是能產生興趣的事情，你需要面對自己「現在自然的情緒」，因此需要獨處時光。

就算是和你感情很好，能夠讓你安心的對象，只要和誰在一起，人就會想要去配合對方。如此一來，你就沒辦法老實地接收從自己內側湧出的自然心情。

另外，創造獨處時光時，別安排約定或預定行程，也別接觸社群軟體等會和他人有所接觸的東西，把身心放手交在流逝的時光上。比起腦袋產生的思考，請以內心感受的感情為優先度過。

其實最理想的狀態是過上這種生活一個月左右，但現實中應該相當難以實現吧。在此，首先你先替自己決定好週末兩天，替自己準備這樣的時光生活。

早上起床時，請試著詢問自己想要做什麼、想要吃什麼。你應該知道答案，而這個答案正是你會感興趣的事情。

就像這樣，找到自己感興趣的事情後，如同前面的興趣與工作，依「事實、情緒、價值觀」這三個觀點的順序寫下來吧。

## 4 小故事、經驗

在這個主題中，你需要從每天的生活當中，蒐集樂觀積極的小故事。

當然想用悲觀消極的內容也可以，但和對方的關係還不深入時，可能會讓對方感到不知所措。

舉例來說，就算你自我揭露「我上週到醫院檢查後，發現癌細胞了……」，對方也不知道該如何回答才好。即使不到如此極端，我也認為盡量別用不好的事情比較好。

想要蒐集樂觀積極的小故事，**我推薦大家可以把每天發生的事情寫成日記。**這個樂觀積極的小故事會表現出「很開心」、「嚇一跳」、「很興奮」、「很滿足」的情緒。

聽到要寫日記，你可能會覺得這是件非常辛苦的事情，但其實只要寫下條列式的簡單內容就可以了。「櫻花花苞開始綻放了」這類季節變化，或是「開車時，對向來車讓我先過」這類平常會感覺理所當然的他人親切對待等等。「小朋友從外面抓了一隻蜥蜴回家」這種日常生活一景也可以成為一種要素。

只要從平常多加意識這類讓人噗哧一笑，或是心情溫暖的事情，就可以成為讓你脫口「這樣說起來啊……」的話題。樂觀積極的話題也會帶給對方安心感，請務必積極用在閒聊當中。

## 5 人生大事件

比起其他主題，這個主題的自我揭露包含了你相當隱私的一部分。因此我建議，比起對初次見面的人提起，應該要用在平常就多少有點關聯的人身上。

正如莎士比亞的名言所示，人生就是一連串的選擇，你的現在，是你至今做出許多選擇後的結果。當你做出人生重大決定時，那會成為轉捩點，許多事情應該都會成為印象深刻的事件。而且也容易回憶起當時的情緒。

這個轉捩點就是人生大事件，一般來說，大致是以下這些事：

・結婚
・搬家
・就業、換工作
・小孩出生
・買房
・買車

這些「事實」與稀鬆平常的一天相比，應該是帶給你強烈震撼的事件，有許多人會在其中感受非常多情緒，也可能生活出現一百八十度大轉變。或許也是個你現在回想起來，會讓你感到後悔的選擇，但請你把這個心情老實寫在「工作表單」的「情緒」欄位中。

回顧過去，就會回想起已經從記憶中消除的失敗經驗等事情。失敗本身確實令人遺憾，但那也是你鼓起勇氣挑戰的結果，請誇獎自己採取行動，並珍惜這份最真實的情緒。

接下來，請針對你的生命大事件寫下你的「價值觀」。

價值觀是會隨時間改變的東西，對於這些人生大事件，你當時可能是那樣想，但現在或許已經不再有同樣想法。

這當然沒有問題。像「剛搬到東京時好興奮，現在已經沒有當時的雀躍感了」，這類心情上的變化應該會引起許多人共鳴吧。**價值觀變化本身就能是個閒聊的話題。**

## 自我揭露是「話題」、「傾聽方法」、「說話方法」的基礎

以上就是可以成為閒聊話題的自我理解主題。

我想大家只要著手書寫就會發現，其實人比想像中的還要不了解自己。

正如我在前面提過，人一天思考六萬次，為了把大腦用在日常生活中重要的事情上而整理記憶。今天得完成的工作、接受指導的事情、得在下週前準備好的事情……這類認為是「生活必須」的事情會優先留在記憶中。

但是，**建立起你的自我風格的，是那些難以留在記憶中的微小情緒。**

受到什麼東西吸引，心情因為什麼雀躍，自我揭露就需要這類有你自我風格的情緒。

當你對與他人的交流溝通感到壓力時，才更應該要好好珍惜自己。只是替自己安排回顧自身的時間，就能讓你往零壓力的閒聊邁進一步。

而自我理解會在從下一章開始解說的「話題」、「傾聽方法」、「說話方法」的各方面派上用場。讓我們一步一步更上一層樓吧。

Column 3

# 製作「自我理解工作表單」

把本章中介紹的「自我理解工作表單」統整在筆記本之類的紙上，會更有效果。請大家回顧的五個主題很容易成為閒聊的話題，所以推薦大家可以留下容易重新回顧的內容。特別像我在左頁介紹的「自我理解工作表單」，這是可以一覽回顧的形式。請大家務必安排一點時間來嘗試看看。

〈自我理解工作表單〉製作方法

①製作一個五乘三的表格

②表格左側，由上至下分別寫上「興趣」、「工作」、「關注的事情」、「小故事、經驗」、「人生大事件」

③表格上方寫上「事實」、「情緒」、「價值觀」

接著自我回顧之後，分別在各個欄位上寫下相對應的字詞。

# 自我理解工作表單

| | 事實 | 情緒 | 價值觀 |
|---|---|---|---|
| 興趣 | | | |
| 工作 | | | |
| 關注的事情 | | | |
| 小故事經驗 | | | |
| 人生大事件 | | | |

Column 4

# 用「照片」留下小故事

要寫出「自我理解工作表單」就需要蒐集樂觀積極的小故事。本書中推薦大家可以每天寫日記，但應該也有人在養成習慣之前會覺得很麻煩。

這種時候，可以「拍照」代替寫日記。然後週末一次即可，請回顧手機裡的照片。

你拍攝的照片當中，絕對有會觸動你心弦的照片。咖啡廳推出的新產品、漂亮的燈飾、寵物可愛的表情等等。這些全都可以成為你積極樂觀的經驗。

實際在閒聊中，當你的小故事、經驗成為話題時，只要手邊有照片，就可以邊請對方看照片邊聊。拍照也是個可以輕鬆增加閒聊話題的舉動。

喀嚓
我前不久去吃了這個！
是天婦羅蓋飯。
這炸豬排飯看起來好好吃喔！

STEP 3

# 消除對話中斷壓力的話題

# 不擅閒聊的人煩惱話題的原因

## 話題不是存越多越好

「不擅長閒聊」的人最煩惱的應該就是「找不到話題」了吧。我想你肯定曾有過不知道該說些什麼，只能任由尷尬沉默在兩人間流逝的經驗。

對煩惱著不知該說什麼的你來說，或許會認為那些很會說話、滔滔不絕講不完的人，肯定有很多話題庫存。

你或許也曾經想要儲存閒聊時的話題吧。我也曾經聽過有人會把「炒熱氣氛話題五十選」之類的書籍，或是網路上搜尋到的文章存起來。

結果如何呢？明明儲存了許多話題，但到真的要實踐時腦袋一片空白，明明記了一大堆的話題，腦袋卻一個也想不出來。又或者是雖然提起話題了，但還是沒辦法聊很久，結果只是讓彼此感到尷尬了。這其實有很明確的理由。

## 為什麼聊天氣聊不下去？

舉例來說，天氣是閒聊常見的話題對吧。但當你把這當作話題講出口時，可能會發展成以下的狀況：

A：「最近天氣真不錯呢。」

B：「對啊。」

A：「但聽說明天會開始下雨耶。」

B：「這樣啊。」

A：「……」

應該常遇到好不容易擠出話題，往返兩次就結束了的狀況。天氣確實容易成為閒聊的話題，但要特別注意使用方法。

那麼，讓我們來分析看看這次天氣的話題發展不順利的原因吧，主要有以下兩個理由：

## 1 沒有決定方向

第一個理由是，**沒有決定好閒聊的方向**。這邊的方向指的是「目的」。

我們在STEP 1中已經決定好閒聊的目的是「款待對方」，而你可以利用天氣話題來款待對方嗎？這類偏「資訊」的內容，大概難以當成主要的話題來用。

所以說，我們需要將話題加以變化，讓它變成「款待的閒聊」。此時，應該不少人難以想像該怎麼從天氣的話題發展到「款待」的終點吧。

如果不知道該怎麼走，就跟走入分不清東南西北的叢林中一樣。就算努力想往前進，但在連自己也不知該往哪個方向前進時，便是隨時處於摸索狀態中。因此腦袋會變得空白，對一點點沉默焦急，接著變成遠離款待，完全不從容的精神狀態。

## 2 對方沒有興趣

第二個理由，**可能是沒辦法引起對方的興趣。**天氣確實對任何人來說都是近在身邊的話題，但感興趣的時間大概僅僅一瞬。

那麼，需要引起對方興趣，會讓對方脫口而出「是喔～」的雜學知識嗎？其實這也是常見的誤解。

百聞不如一見，請看看以下的對話帶給你怎樣的感受。

A：「最近天氣變熱了呢。」

B：「中暑的人似乎也增加了。」

A：「這麼說來，說到高體溫，根據金氏世界紀錄記載，活著的人類當中最高曾紀錄到四十六點五度的體溫喲。順帶一提，人類身體裡的蛋白質超過四十二度就會變形，會變得相當難以存活，所以這是個相當驚人的紀錄呢。」

B：「是喔～這樣啊。」

感覺如何？就算說出雜學知識的人是醫生，也絲毫不有趣對吧。「資訊」過剩的對話讓人感覺彷彿在看電視新聞，只會帶給對方「單方面說話」的感受。結果還是沒辦法引起對方的興趣，一點也不適合拿來當作閒聊的話題。

## 逐步「推移」話題

那麼，我們分別來思考天氣話題無法順利發展的理由與解決方法吧，首先探討話題方向性。

我們的目的仍舊定位在「款待」上，但除此之外，希望大家可以再學會一個技巧。

想要毫無壓力享受聊天樂趣，就要別執著在同一個話題上，而是要時不時地轉換話題。

像這樣一點一滴轉變不同話題，我把它稱為**「話題推移」**。從「最近天氣不錯呢」揭開閒聊序幕，接著說「上次休假時有去哪裡玩嗎？」，像這樣把話題轉往對方的行動上。

覺得自己不擅長聊天的人，可以試著建立起固定模式，讓自己知道該怎麼從一開始的話題移往其他話題。

舉例來說：

・天氣的話題↓放假日的天氣↓前一陣子有去哪裡玩嗎？

・電視的話題↓常看怎樣的節目呢？

這類的模式。

就算儲存話題，能派上用場的場面也有限，但模式及規則可以運用在各種場面上。做好這些準備後，你就能帶著輕鬆的心情參與對話。

## 加點「感情」進去

接下來討論引起對方興趣的必須要素。

其答案就是，**與資訊極端的「感情」**。這也是聊天對象的「你的感情」。

舉例來說，如果對方說了「週末似乎會下雨，讓我鬆了一口氣」，你肯定會很好奇「為什麼？」對吧。人類之所以會對他人產生興趣，是因為理解對方，不會對完全陌生的人產生興趣。而當你得知對方內在感情而非外在資訊時，你就會感覺自己理解對方。

也就是說，**如果想讓人對和你之間的閒聊產生興趣，你就必須要向對方揭露自己的內在感情，讓對方理解**。很開心、很憤怒，感到「為什麼呢？」有疑問的事情等等，包含你的感情在內的話題，才正是可以引

# 和初次見面的人從「擁有、所屬」開始聊起

## 「初次見面」是話題的寶庫

到這邊，我介紹了零壓力閒聊中的話題規則，感覺會有讀者提出「我想要知道具體來說怎樣的話題比較好！」的意見呢。

從款待對方這個目的來思考，我們知道，聊天時選擇對方熟悉的話題最為恰當。

只不過就算這樣說，應該也有人覺得，怎麼可能知道第一次見面的人或平常不常接觸的人的「熟悉話題」是什麼啊。

其實，只要掌握一個重點，就幾乎不需要煩惱和初次見面的人要聊什麼。

那就是，**「把對方擁有的東西、所屬的單位當成話題」**。

當你還不太了解對方時，尋找「對方熟悉的話題」需要花上不少時間。但「對方擁有的東西、所屬的單位」大多為不須提問，早就已經得知的資訊。

特別推薦的就是「名字」、「公司、學校」、「現在所在地點」這三個。接下來就試著把這些當成話題主軸聊聊天吧。

## 1 名字

首先，把名字當作話題時不需要困難的切入點。只要老實把你的心情和感受告訴對方就好了。

正如我方才所述，對方有興趣的，是你有怎樣的情緒或想法等這類的感情。舉例來說，如果你覺得對方的姓氏「這姓氏真特別呢」，就可以開口問：

「我覺得你的姓氏很特別呢，沒有人這樣說過嗎？」

不僅如此，如果你認為「感覺這是寺廟家庭的人會有的姓氏耶」，也可以開口問：

「我聽到你的姓氏之後想，你家該不會是寺廟之類的吧？」

或許有人會覺得問這些問題會不會很失禮，但你試著換個立場思考，如果第一次見面的人問你：「請問你家是寺廟嗎？」會讓你感到不愉快嗎？大多數人聽到這個問題應該都不會感覺不舒服。你只要老實問出心中所想的疑問，這就是讓閒聊成立的基本態度。

## 2 公司、學校

所屬的公司、學校是對方熟悉的東西，所以很容易將話題擴展開來。

如果已經事前得知對方的公司、學校，和對方見面之前，可以透過官方網站調查所在地、公司老闆的名字及創業年分、企業理念等資訊做準備，這也是為了款待對方的有效利用時間的方法。而且，想到只花短短五分鐘查這些資訊，就能緩解你對閒聊的緊張與壓力，可說是相當有效率的努力。

做好這類準備後，見到對方時就能說出：

「我在官方網站上確認過了，貴公司的總公司是在大阪呢。所以你也會到大阪出差嗎？」

「貴公司的位置離A車站很近，那附近感覺完全不需要煩惱午餐該吃什麼呢。」

等等，可以有非常多的話題。

另外，如果是公事，**一張名片上就塞滿了許多閒聊的話題。**第一次見面交換名片時，就能得到許多與對方有關的資訊。今後在你交換名片時，請務必嘗試意識著從裡面抽出一個話題來。

像剛剛提到的例子一樣，直接把你感覺有所想法的事情告訴對方也沒有關係。看見所屬部門後開口問「你主要負責怎樣的工作呢？」也行，提出「你打算一直留在這個業界嗎？」這類範圍更廣的問題也不錯。

順帶一提，最近有些人會刻意把能與工作相連結的證照寫在名片上。以我的經驗為例來說，明明是ＩＴ企業的員工，名片上還特別記載有「專業蔬菜師」證照。這是要對方「問我這件事吧」的重要訊號，視而不見反而失禮。順帶一提，這時還可以提到企業容許員工在名片上寫這些內容的器量與風潮等話題，能讓閒聊內容更加熱烈。

當然也可以聊名片的設計、公司ＬＯＧＯ、紙質什麼的都沒關係。如果名片背面還有英文版本，也可聯想到「這家公司也有和國外的公司合作嗎」，請務必每天挑戰從交換的名片當中找出一個話題來吧。

## 3 現在所在地點

你們現在同處的地點，不管對你還是對對方來說，都是共通的所屬空間。

「請問你是怎麼來的？」

「這附近好像開了一家新的麵包店，所以我想說回家時要順便去買個麵包。」

你也可以丟出這類話題。另外，你也能如以下的例子說出你到這邊途中遇到的事情：

「我搭A線電車到這邊的，站我旁邊的人音樂聲大到從他的耳機跑出來耶，我嚇了一大跳。旁邊的人也不停看他，我原本想要提醒他一下，但最後還是覺得很害怕不敢說，然後就這樣在離這邊最近的車站下車了……」

在此也請注意要傳達出你的心情與情緒出現了怎樣的變動，並非單純說出「電車上有個大聲聽音樂的乘客」這個資訊，加上你「想要提醒他但還是不敢做」的心情後，就可以成為引起對方興趣的閒聊。

這三個主題只是其中一個例子，但只要把焦點放在「對方擁有的東西、所屬的單位」上，就能一口氣降低不知該說什麼的煩惱。而且這還是容易引起對方興趣，讓你達到款待目的的話題。

## 誇獎對方時別給對方謙虛的機會

對方身上穿戴的服飾、手錶等東西當然也是他擁有的東西，也可以把這些當作話題。

但把這類「對方自己選的東西」當作話題閒聊時，需要稍微注意一下。

或許有人覺得誇獎對方擁有的東西很簡單，但其實誇獎這個行為意外地困難。

當你發現對方戴著一只很棒的手錶時，你是否曾經有過以下的對話呢？

A：「你那只錶看起來好棒耶。」

B：「謝謝你的誇獎。」

A：「……」

像這樣，用誇獎揭開閒聊序幕後，卻始終沒辦法繼續聊下去，一下就結束了。

這是因為，**受到日本人特有的「謙虛」文化很大的影響。**

就算被誇獎「很棒」，對方也不好意思滔滔不絕闡述其魅力，而且「很棒」是個不明確的抽象表現，對方搞不清楚是設計棒，還是配色棒，或者是和今天的服裝很搭配，煩惱著不知該利用哪一點擴展話題，而讓對話難以延續。

在此，誇獎對方時請多加注意以下三點：

①從對方擁有的東西誇獎他的行為及人品
②表達出自己沒有相關知識的一面
③具體表現自己感受的心情與想法

由你丟出一個能讓對方自然談論物品魅力的話題，這才是最頂級的款待。

首先，與其誇獎對方擁有的物品，**倒不如將結論導向「選擇這個東西的你很棒」**。如果能辦到這點，就是個滿分的款待閒聊。

除此之外，加入自我揭露或自己最真實的心情吧。舉例來說，可以用「我自己從來沒有這麼仔細觀察手錶過……」這類，針對你所誇獎的對方擁有的物品，老實表露出你並不太了解。

像這樣**坦白自己的無知後，就算說了有點失禮的話，對方也會原諒你。**此外，接著表達出「我不太了解，還請你告訴我」的請教態度，就能讓對方沒有謙虛地爽快談論物品魅力。

接著，**要用更具體的話語來誇獎。**別使用方才提到的「很棒」這種抽象的誇獎，具體告訴對方自己對哪部分有正面的感受。

A：「我對手錶不熟悉，但你手上戴的那只錶，設計簡單好漂亮喔！我沒看過身邊的人選擇類似的手錶耶。」

B：「就是啊，我以前戴比較大的錶，但那會四處撞來撞去，所以才換了小一點，簡單設計的錶。」

A：「你之前連吃飯的時候也會把錶拔下來嗎？」

B：「以前會拔下來！但自從換了這只錶之後，就不需要多費工夫，輕鬆多了。」

請多加注意，最後要以誇獎對方的行為或人品，而非誇獎手錶這類擁有的物品作結。

順帶一提，不習慣直接誇獎他人的人，我推薦大家可以使用**「品味」**這個詞。「品味很好」這表現的範疇相當廣泛，可以自然而然地誇獎對方。除此之外，也推薦大家用**「真令人羨慕」**或是**「應該很少人可以做到這一點耶」**等句子來誇獎對方的行為或人品。

這些雖然是有點抽象的表現，卻明確地誇獎對方的行為或人品，是相當適合款待他人的句子。

# 面對見過面的人要找出「不同點」

## 別再尋找你和對方的共通點

剛剛提到的從「擁有、所屬」中找出話題，對第一次見面的人相當有效果。但在閒聊的場面當中，也不會總是遇到第一次見面的人。職場中肯定有不曾好好聊過天的點頭之交。接著來理解面對這些距離感難以捉摸的人可以用怎樣的話題吧。

你是否曾經在閒聊的過程中尋找自己與對方的共通點呢？這是不擅

閒聊的人會不小心做出的錯誤舉動。

有出身地、年齡、興趣、共同朋友等共通點，確實可以聊得熱烈一點。但**實際上碰巧有共通點的機率應該相當低**，沒辦法期待有這樣的偶然。

而且當你為了尋找共通點奮起，不停提問後就會變得跟偵訊沒兩樣。別說拉近和對方的距離了，反而只是帶給對方壓迫感。

如果抱持「把共通點當成閒聊話題」的前提，很有可能助長閒聊帶來的壓力。

## 「和對方不同」取之不盡用之不竭

那麼，該提出怎樣的話題才好呢？

零壓力閒聊的技巧，**就是把不同點當成話題。**

你和對方的價值觀當然不同，因此和「共通點」不同，「不同點」可說多到無限多。

只要關注不同點，你心中就會產生「這是為什麼呢？」的單純疑問。接著**請試著直接詢問對方腦海中浮現的疑問吧。**

其實，這和我在一開始提到的例子，看見名片時對對方的名字感到好奇後，直接提出疑問的方法是相同結構。不僅如此，在對方回答你之後，又可以成為新的話題，也能自然擴展對話內容。

以智慧型手機為例，假設你是iPhone使用者，而對方是Android使用者。

A：「我身邊的人幾乎都用iPhone，所以我也順勢跟著大家用

iPhone，請問你決定用 Android 的原因在哪？」

B：「因為我很重視相機畫質，所以我選擇了比 iPhone 相機畫質還好的手機。」

A：「是這樣啊，那請問有感覺哪裡不方便嗎？」

B：「只有 iPhone 能用的應用程式意外地多，有時候會跟不上流行。」

針對與對方的不同點提問之前，請盡量告訴對方你對這個話題有怎樣的印象，而這就會變成你的自我揭露。

用剛剛的例子來說，不只是問「你為什麼選用 Android？」，告訴對方「我只是順勢跟著大家一起用 iPhone 而已」，就能更加明確表現出提問的意圖，也能減輕對方的警戒心。

我們提問請對方回答，代表希望對方揭露自己的思考。正因為如此，向對方展露我們的內心，才是讓對方可以安心回答的最基本禮儀。

另外，如果要用剛才的例子擴展話題，「你都拍怎樣的照片呢？」「我想看你最喜歡的照片。」「沒辦法用的應用程式有哪些啊？」等等，試著老實將你好奇的事情當作話題吧。

接著在關鍵字用光之後，再繼續仔細觀察對方，尋找和你不同之處，詢問對方讓你感到「這是為什麼呢？」的事情。這類單純的疑問才正可以成為自然的話題，讓你不管身處怎樣的場面都不會煩惱找不到話題。

# 容易創造話題的「季節性活動」

## 找出和對方共有的經驗

靠著我到目前為止所說的內容，應該已經足以不再對話題煩惱了，但我還想要再告訴大家一個非常好用的方法。那就是**「將與對方共有的經驗作為主題的方法」**。

或許有人想要說「我根本沒有任何與對方共有的經驗啊！」，但只要把時間軸往過去移動，就能找到與對方共有的經驗。

那就是下列所示的**季節性活動**。

春天：入學典禮、畢業典禮、入社典禮、賞花活動等等

夏天：暑假、煙火大會、海水浴等等

秋天：運動會、萬聖節、賞楓、防災演習等等

冬天：大考季節、聖誕節、情人節、白色情人節等等

當然，你過去並沒有和對方一起度過這些活動。但肯定幾乎所有人都體驗過相同的氣氛，而每個人的過法與記憶應該各有不同。

而這正是你和對方的不同之處，可以成為閒聊話題。特別是只要好好運用 STEP 2 中自我揭露工作表單中寫出的「人生大事件」，你就能順利開啟一個話題。

A：「就快要到大考季節了耶。說起大考，我考試那時，電車因為下雪延誤，我還記得我超緊張。」

B：「是這樣啊，我住的地方每年都會下雪非常麻煩，為了以防萬一，前一天住在飯店裡，考試當天用走的過去。」

像大考這類季節性活動，也是容易讓人留下強烈印象的事情。試著在話題中加入自己的經驗、情緒與價值觀，如此一來，對方應該和你相同有許多印象深刻的回憶，對方也會回以自我揭露吧。

價值觀之類的東西當然不同，這在閒聊中也是很棒的要素。只要針對不同處，對「為什麼會這樣呢？」感到不解的地方提問就好了。不需要提醒大家應該也知道，就算對方和自己的意見不同，也不可以否定對方。

# 在第二次之後的閒聊中「請教對方」

## 表現出你敞開心胸的一面

到目前為止介紹的話題主題，真要說起來，都是對關係淺薄的人有效的方法。見第二次面之後，與第一次見面時相比應該也不再有生疏的感覺。因此，可以更深入談論的話題變多也更容易款待對方，有機會建立起更加親密的人際關係。

在第二次見面之後，請試著更加意識向對方表現出你敞開心胸的一面。最簡單的方法，就是針對先前提到的話題，向對方報告你做了什麼積極的舉動。

「上一次見面時你告訴我那個計步器的應用程式，我立刻下載來用用看了。」

「上一次見面時你告訴我的那個知名甜點店，我買回公司慰勞大家，大家讚不絕口呢。」

對方聽到你這樣說，肯定也會很開心。

只不過，肯定也會出現上次的話題無法延續到這次的狀況。此時**最推薦大家可以用「請教態度」與對方聊天。**

請試著意識把對方稀鬆平常就能辦到的事情當作話題，接著將話題導向請教對方怎麼做。

說起「稀鬆平常就能辦到的事情」或許會給你有點困難的印象，但你不需要聚焦在特別的事情上面。只要用「理所當然輕輕鬆鬆就做好了」的感覺尋找就好了。

接著從對方的樣子與對話片段中抽出「對方輕鬆的點」，進一步開口詢問。舉例來說像以下這樣的內容：

「你給人總是很開朗、充滿朝氣的印象，請問你有秘訣或是習慣之類的嗎？」

「我上次見到你時也有相同感受，感覺你的文件會簡潔統整出要點，如果有什麼秘訣的話還請你教我。」

「我聽說貴公司幾乎所有人都不加班，下班前就能做完工作，請問你們有特別注意哪些點嗎？」

「前幾天聽說你常常加班，請問你有什麼秘訣或是習慣讓你可以堅韌做到這些事情嗎？」

像這樣，只要你秉持著求教態度與對方接觸，對方也會產生「自己受到認同」的心情，光這樣就可以提升你們兩人的親密程度。

不僅如此，就對方來說，自己認為理所當然的事情受到誇獎，也會產生「沒想到這點小事也會被誇獎耶」的開心心情。對方感覺自己被人理解的同時，肯定也會對你抱持正面印象。

只要建立起良好的人際關係，閒聊也會自然而然變得熱烈。

# 創造出對方也「零壓力的閒聊」

## 只要有了從容，就能發現對方的不安

原本不擅長閒聊的你，只要使用我到目前為止介紹的秘訣，應該也會感覺閒聊的難度一口氣降低了吧。肯定只要有辦法開頭，就能不緊張地享受閒聊樂趣。

但就算你對閒聊不感到壓力，如果對方很緊張，那也很難聊得熱絡。交流溝通需要有對手才成立，**所以你不僅得顧慮自己，也得重視對方的心理狀態。**

在STEP 3的最後，要向大家介紹身為產業醫師的我，平常使用的「就算對方緊張也能自然擴展內容的話題」。

先前也曾提過，產業醫師為了建議健康檢查結果不好的員工到醫院接受檢查，有非常多和員工面談的機會。

這時當然是第一次見面，就對方來看「我被產業醫師叫出來了，不知道會被說什麼……」肯定也十分戒備。這並不是很好的對人心理狀態，在這種狀態中，不管對他說什麼他都聽不進去，對方完全無法感受我擔心他的心情。

因此我在和對方第一次見面時，會盡可能用輕鬆的閒聊開頭，以稍微創造出多一點放鬆的氛圍為目標。

你也是，當心情從容時，肯定可以感覺到對方的緊張與不安。而當你自己更上一層樓後，請務必把由你來創造出**「容易閒聊的氣氛」**，讓身邊的人也覺得是「零壓力的閒聊」放在心上。

## 身為產業醫師的我所使用的兩句話

那麼，讓我來介紹我所使用的話題。這終究是我在產業醫師工作面談中使用的話題，所以請你抓到重點之後自行加以改編。

### 1 「這個時段很忙吧？」

這是一句不管上午、中午、傍晚，不管是前輩、朋友，隨時可以對任何人說出口的話。只要拿這句話當閒聊入口，**不管對方怎麼回應，都有辦法將對話內容擴展開來。**舉例來說，我在工作中會如此擴展：

我：「謝謝你前來，這時段很忙碌吧？」

A：「不會，傍晚比較忙，現在還好。」

我：「這樣啊，順便問一下，傍晚有什麼特別的事嗎？」

A：「今天有每週會議。」

我：「是很需要特別做準備，而且開會時間也很長的會議嗎？」

A：「就是啊，我昨天也花了一整天準備資料，然後請上司過目。」

我：「這樣啊，感覺你一整天的睡眠時間也無法很充分呢。」

把「忙碌」這個主題當成入口，把焦點放在一整天的行程上之後，就能把話題往各種方向發展。

如果對方回應「很忙」，就可以回「現在正好是忙碌期？」；要是對方說「最近很閒啦」，也可以回問「那你下班之後有其他安排嗎？」，把內容往工作以外的話題發展。

我自己想要連結到每日的睡眠等健康話題，所以多以「一整天」為單位來說話。如果你想要針對工作內容提問，就可以自然地帶到「你大多都做怎樣的工作呢？」。請務必利用忙碌的時期或時段當作入口開啟閒聊，且將其當作導向正題的緩衝劑。接著逐步將話題移往你想要談論的內容上面吧！（這就是 P95 提到的「話題推移」。）

## 2 「你在現在的部門待多久了呢？」

這對大家來說，是可以對工作上第一次見面的人說出口的話。**可以自然問出現在部門的工作，也可以自然問出之前的工作**，相當容易擴展話題，是個方便的閒聊入口。

我：「你在現在的部門待多久了呢？」

A：「現在的部門正好三年了。」

我：「那之前在哪個部門呢？」

A：「之前一直待在第一線，三年前被調回辦公室。」

我：「這樣啊，那變成辦公室工作後，你的運動量應該也大為減少了吧？」

A：「就是啊，所以我也想著得要多注意飲食才行……」

利用這個入口開始說話，就能讓對方談論現在與之前工作內容的不同，還可因此得到對方「擁有、所屬」的相關資訊。如果你很抗拒劈頭就問對方工作上的事情，那你可以先自我揭露自己的工作，這也能更順利擴展話題。

只講工作上的話題當然沒問題，而這也可以把話題擴展到其他主題上。如果可以問對方假日怎麼過，提及的內容大多會包含對方的興趣在內，就能更加了解對方擁有的東西與所屬團體了。

## 「健康新知」是人類共通的話題

面對任何人都能輕易提出的話題，我自己常常使用**「健康新知」**。這是因為每個人都有「希望維持健康」的共同認知，對方完全沒有興趣的風險低，是個相當保險的閒聊入口。

特別是我開始著手寫作本書的二〇二〇年，全世界的話題全圍繞著新型冠狀病毒傳染病轉，自然而然也常把這類的話題拿來當作閒聊的入口了。

當然除了新型冠狀病毒傳染病之外，如我以下舉例的，每個季節都有常見的疾病，也可以從這裡開啟對話。

春天：杉樹、扁柏花粉症等等。
夏天：夏季感冒、中暑、食物中毒、腸胃炎（吃太多冰冷食物）等等。
秋、冬：流感、諾羅病毒、感冒等等。

將這些話題逐步轉變成對方也熟悉的話題，我就常常從這邊把話題轉向最重要的健康檢查結果。

順帶一提，健康新知常被用來當作閒聊的入口，但因為在意健康的人很多，**其實這也可以成為閒聊的主要話題。**把季節性流行疾病當作閒聊入口時，就可以自我揭露自己實踐的健康方法，輕易就能將話題擴展開。

A：「最近為了預防感冒，我開始嘗試洗鼻子。B先生對健康有什麼特別注意的地方嗎？」

B：「我也不知道有沒有效果，但我有吃維他命之類的營養補給品。」

A：「營養補給品的種類相當多呢！可以告訴我你吃哪些嗎？」

如果你沒有自己正在實踐的健康法，也可以把喉糖當作道具使用。

「雖然不是預防感冒，但我平常會隨身攜帶喉糖，避免喉嚨乾燥。」

說完後也可以實際上讓對方看看喉糖。為了在閒聊中款待對方，事前準備一個喉糖，應該是在允許範圍內的自我投資吧。根據對方當下的反應，給對方一顆喉糖或許能讓彼此關係更加親密。

你所說的健康法是不是真的有效用其實沒有太大的關係，重要的是拿健康法當作話題起點，接下來詢問對方的健康法或多加注意的事情，接著擴展話題。

順帶一提，你也可以把「健康新知」和「天氣」相結合，拿**「氣象病」**來當作話題。

「我下雨天就會頭痛，所以梅雨季很痛苦。」

「只要低氣壓靠近，我膝蓋的舊傷就會發痛，就算不看氣象預報也會知道。」

「太陽太大的時候，我馬上就會被曬紅。」

像這樣把健康新知和天氣結合後，接著就能往這兩個方向擴展話題，我很推薦大家這個方法。

或許你在這之前煩惱著閒聊話題時，會從最近的新聞中尋找能成為話題的事情。

但閒聊是人與人之間的交流溝通，有對象才得以成立。擅長閒聊的人也相當擅長款待對方，因此，**在你確認新聞或雜學知識之前，請先把焦點放在聊天對象身上。**

首先從對方可能有興趣的事情，以及對方擁有的東西、所屬的團體開始關注起。把這些事情當作話題，靈巧地拋出一個讓對方可以開心談論的東西吧。

只要稍微改變一點意識，就能創造出與以往完全不同，能和對方一起打從心底樂在其中的閒聊。

Column 5

# 找出「不同點」的觀察人類訓練

正如我在本章所做的說明，尋找話題時建議大家別找「共通點」而要找「不同點」。在此向大家介紹，立刻就能注意到不同點的鍛鍊方法。

「在街上隨機選擇不認識的人，接著找出三個和你不同的地方。」

當你通勤或是假日外出時，可以當作遊戲輕鬆進行。

一開始找出服裝、髮型、手上的東西等外表可見的特徵就可以了。逐漸習慣後，還能把對方的氛圍等等的化作語言。

「從週一一大早就精神飽滿」、「走路步調很慢，感覺是很穩重的人」等等。

如果可以想像到這種程度，實際閒聊時就能講出「請問早上這麼有精神有什麼特別的秘訣嗎？」等讓對方感興趣的話題。

除了在閒聊時實踐之外也能隨時鍛鍊，請務必每天觀察周遭的人，培養對不同點的敏銳度。

・一大早就很有精神
・戴眼鏡
・不是穿白襯衫而是有色襯衫
・戴帽子
・背背包
・騎自行車
・手機殼很花稍
・走路速度很慢
・髮色明亮
四處張望
四處張望

# STEP 4

# 雙方都感到輕鬆的傾聽方法

# 不聽人說話的人的特徵

## 「傾聽」左右滿足度

到目前為止，透過自我揭露以及準備好話題後，是否稍微緩解你對閒聊的不安了呢？

接下來的步驟就是要努力「傾聽他人說話」。

請讓我再次重複，絕非很會說話的人就是很會聊天的人。**擅長聊天的人的共通點，就是會好好傾聽對方說話。**

我想大家都有親身體認，理解「傾聽」是溝通能力中最重要的一點。

我想大家過去都有到醫院接受診療的經驗，請問你感覺「醫生有好好聽我說話」的比例有多高呢？

是否曾有與之相反，完全沒有聽人說話的感覺，診療時間大約兩分鐘、三兩下開好藥就結束的經驗呢？

就算達到了改善症狀的目的，只要感覺醫生沒有聽自己說話，就沒辦法產生信賴感，也會讓滿意度下降。

就像這樣，如果沒有好好傾聽別人說話，不管拿怎樣的話題來聊，對方都不會對你有好印象。

## 越聰明的人越不聽人說話

不僅限於醫師，**思考能力與推理能力越高的人，越容易有不聽別人**

**說話的傾向。**這些人常常知一得十，所以就算不用仔細聽，也有辦法想像出大致的故事走向。

特別在醫療現場，經驗越豐富，也越容易在腦海中建立起模式。也就是說，他們的腦袋中早已形成「遇到這類症狀，就要做這些檢查，開這些藥就好了」的流程。

因此才會出現沒有好好聽患者說完話就應對處理的狀況。

只不過，就算是相同症狀，每個患者的背景都不同，不用明說，大家都知道得要好好聽患者說話才行。

並非在腦海中想像「這個人應該是這樣思考吧」，而要養成好好聽對方說話的習慣，款待對方。

# 傾聽能力的真面目就是「觀察能力」與「感興趣能力」

## 該傾聽的不是「內容」而是「心情」

那麼具體來說，「傾聽能力」是怎樣的能力呢？

在會話中，即使使用相同詞句，也需要根據場面與狀況不同，去推敲或是讀取字裡行間的訊息，做出適當的判斷。

舉例來說，以下兩個「沒問題」是相同的意思嗎？

A：「嗯，沒問題！」

B：「嗯，沒問題……」

即使A和B同樣說出「沒問題」，兩者的心情相差甚遠。**沒錯，所謂的傾聽能力，就是正確捕捉對方心情的能力。**

如果你很認真聽對方說話還是搞錯對方的意圖時，只會造成對方「咦？你聽得懂我在說什麼嗎？」的不安。而且如果這頻繁發生，會讓對方不想繼續說話。

也就是說，重要的是你需要理解對話內容之後，再去捕捉對方的心情。

想要正確捕捉話者心情，有兩個重要的能力。

那就是**「觀察對方的能力」**與**「對對方感興趣的能力」**。

## ◯觀察的重點只有一個

為了理解對方的心情，就需要仔細觀察。只不過，雖然說是觀察，**最起碼只要做到掌握對方對這個話題是秉持正面態度或負面態度就可以了。**就算沒有一五一十完全理解對方心情，只要能抓到大概感覺，就能夠避免做出傷害對方的反應。

判斷基準，可以聚焦在特別容易表露出感情的表情上。

捕捉「表情變得僵硬」、「睜大眼睛」、「突然閃避視線看地上」等等的訊號相當重要。當然也要注意對方的肢體語言與遣詞用字等整體的氛圍。

這個「觀察能力」與STEP 1中介紹的「問候」相同，需要慢慢習慣。

一開始只關注對方抱持著正面情緒或負面情緒就好，慢慢地磨練自己的觀察能力。

## 感興趣程度與心理從容成正比

在交流溝通中最重要的，就是要對對方感興趣。當然，如果感覺難以對對方產生興趣，很難開口說話，也別勉強自己與對方聊天。

只是，有些人天生就是比較不容易對他人產生興趣。這些人不論面對什麼對象，都有容易陷入難以與人聊得熱絡的傾向。如果你有自覺，為了消除你對閒聊感受的壓力，請你繼續讀下去。

首先，難以對他人產生興趣的人，到底是怎樣的人呢？

一種是「**光自己的事情就已經處理不來的人**」。

這樣的人在與人閒聊時，也會想著「不可以沉默下來……」以及「他會不會覺得我很奇怪啊……」等等，滿腦子都想著對方是怎麼看待自己。所以我才會說，當你精神層面不從容時，根本無法與他人好好閒聊。

另一種是，原本就擁有強烈的自我堅持，無法隨機應變配合對方，完全**以自我為中心的人。**

當然，我也希望大家隨時秉持著「如果沒有興趣，那倒不如別聊」的態度，但正如我在 STEP 0 曾經提及的，與人閒聊帶來的好處極大。將意識切換成對他人產生興趣，對你來說也絕非一件沒意義的事情。

只是突然要你改變，要你「對別人抱持著一點興趣吧」應該也相當困難。在此，**就先從透過舉止向對方表達「我對你很有興趣」開始做起吧。**

在對話過程中，可能也會出現你感興趣的關鍵字，為了引導出這個可能性，你就要讓對方可以開心說話。

就算只有一瞬間，只要對方感覺你對他沒有太大的興趣，你們兩人就需要花費很長的時間才能變得親密，只要關係越親密，自然也會對對方產生興趣。

要表達出「我對你有興趣」的有效方法，就是將速度（快慢、節奏）與情緒相結合。接下來讓我逐一說明。

## 1 配合速度

首先談論配合對方的速度（快慢、節奏）。

舉例來說，如果對方是個速度緩慢、容易稍有沉默的人，你該怎麼辦呢？如果認為「沉默＝不好」，應該就會很慌張，想盡辦法填補這個沉默吧。

另外，也有人聽到別人提問後，會很仔細思考才回答。面對這樣的人，你是否曾經有過連珠炮似地加上：

「哎呀，我沒有什麼深意啦……」

「憑感覺就好了……」

等等，催促對方趕快回答些什麼的經驗呢？這絕對無法稱得上是配合對方的節奏。

對話也被比喻成言語的傳接球，當球在對方手上時，你需要靜心等候對方將球回傳。特別是初次見面這類疏遠的關係時，因為不清楚對方傳接球的力道，很容易犯下以下的錯誤：

- 催促對方快點回傳
- 對方丟慢速球，你卻全部丟出快速球
- 對方丟一顆球的時間，你大概丟了三顆

這樣的對話當然無法說是款待對方的對話。首先，為了要配合對方的步調，當開啟對話後，要意識著球現在在誰手上。

除此之外，如果對方是說話慢的人，你也要配合他的速度。只要有這等意識，你就可以理解，**因為節奏出現的短暫沉默也是正確答案。**也就是說，別害怕沉默，你默默等待的態度才是最頂級的款待。

除此之外，為了要和對方站在相同視線高度，最好不僅是節奏，連聲音的音調高低和音量都要配合對方。

開頭問候時開朗又精神飽滿沒有錯，但開始對話後，你千萬不可以忘記配合對方做調整的重要性。

當然沒有人能一開始就做到完美，所以你現在也不必要感到沮喪，慢慢習慣就可以了。

## 2 配合情感

接下來意識著配合情感吧。重點在貼近對方的想法與心情，彷彿感同身受般去理解、接納。

以這樣的態度與對方接觸後，你們之間的關係也會逐漸變得親密，他對你的信賴感也會增高。

另外，**為了配合情感，非語言溝通也很重要。**利用「嗯嗯」、「這樣啊」等應和詞來表現你貼近對方心情的一面吧。光只是這樣做，就能讓對方感受到「我很理解你的心情喔」。

如此一來，對方也會發現你很重視他，對你感到安心進而放鬆。

很難對對方產生興趣時，首先先表現出你對他感興趣的態度吧。和對方稍微變得親密一點後，就能知道對方新的一面，那裡或許就有讓你感興趣的部分。

即使手上有「不聊天」的最後王牌，也別極端地劃清雙方的關係，希望大家可以試著一點一滴拉近彼此距離。

# 讓對方感到舒適的提問

## 滿足對方「想說話的慾望」

當你練就出觀察能力與感興趣的能力之後，下一個就是「**反應的能力**」。

聽對方說話時做出適當的反應，能更加強烈傳達出「我對你很有興趣」的訊息。

人類當有旁人聽自己說話時，會感到心情愉悅。這大概是因為大多數的人都有著「想要表現自己」、「想要他人接納自己」的想法吧。

但身為大人的我們懂得因時制宜，所以現實中很少遇到對方滔滔不絕講自己事情的狀況。所以說，身為款待對方的你，你的任務就是要創造出讓對方開口說話的情境。這個情境就是很棒的反應，有辦法創造出這點的人是款待他人的高手。

想要在閒聊中創造出這種情境，就需要「提問」。

## 區分使用「封閉」與「開放」

提問分為「封閉性提問」與「開放性提問」兩種，我在此簡單說明兩者的不同。

「封閉性提問」就是讓對方只能回答「是」或「不是」的問題，舉例來說就是以下這類提問：

A：「你喜歡運動嗎？」

B：「對，很喜歡。」

另一方面，「開放性提問」就是英文中使用5W1H的提問。也就是使用了「何事？」「何時？」「何處？」「為何？」「何人？」「如何？」的提問。

A：「你喜歡怎樣的運動？」

B：「我喜歡足球。」

比較兩個對話，明顯可看出哪種提問可以從對方身上得到更多資訊。開放性提問可以問出更深入的資訊，在後續擴展話題時可以派上用場。

因此在以款待為目的的閒聊中，基本上要使用開放性提問。

只不過，**我不推薦剛開始聊天就不停重複開放性提問。**

如果你和對方的關係還很疏遠，只是幾分鐘簡單閒聊時，不需要拘泥於開放性提問。「是」或「不是」這種二擇一回答的封閉性提問帶給對方的負擔較小，反而更加適當。

另外，封閉性提問也有能抓到對方說話步調的好處。在這之後如果聊得熱絡，再透過開放性提問慢慢縮短與對方的距離比較好。

一開始就使用踏入對方心裡的開放性提問，有問到對方不想回答的問題的風險。先觀察對方的回答，再判斷可不可以把這個話題繼續擴展下去。

首先把封閉性提問用來創造對話的開頭，接著再使用開放性提問擴展話題，這樣比較自然，我也比較推薦。

特別是提出開放性提問時，問「何時」、「多少」等可以用數字回答的問題，對方比較好回答，也有讓雙方的想像容易一致的好處。

A：「你搭地下鐵來這邊的嗎？」

B：「對（搭地下鐵來的）。」

A：「是〇〇線嗎？」

B：「對，在╳╳站轉乘後過來的。」

A：「這樣啊，花了多久啊？」

B：「大約快一小時。」

就像這樣從一個封閉性提問開始，針對這個話題慢慢深入的訣竅，**就是在腦海中具體想像出對方行動時的影像。**

以這次的話題為例，請試著想像對方搭地下鐵的樣子，接著可以試著向對方提問，來確認自己的想像是否正確。如此一來就能自然而然地深聊這個話題，或者是進一步帶出新的話題。

A：「你是從哪個車站搭車過來的？」

B：「從〇〇轉乘過來的。」

A：「電車上是不是很多學生啊？」

B：「大概正值期中考週吧，很多喔。」

A：「現在新冠肺炎正流行，不覺得就算站著也讓人猶豫要不要抓吊環嗎？」

B：「對啊，但我更害怕跌倒，所以會抓吊環。當然在那之後也會注意洗手和消毒。」

像這樣擴展話題不僅不會不自然，也不會不必要地中斷對話。

提問時，特別是關係還不親密的對象，重點就在要用「封閉↓開放」的方式，用影像來想像對方的行動。

## 不會讓對方不愉快的提問禮儀

提問是擴展對話內容的必要工具，但有時可能會讓對方不知所措，或是讓對方感到不愉快。為了不出現這種狀況，提問時要遵守下面三個禮儀：

①提問時要用比較籠統的用詞詢問
②同一個主題更深入的提問最多三個
③提問後要等待對方開口

那麼，我接下來想要針對這些逐項說明。

## 1 提問時要用比較籠統的用詞詢問

第一個禮儀，**一開始最好避開答案已經被固定化、具體化的問題。**

特別是剛剛說明時提到的，使用5W1H的提問中，除了「如何」和「為何」以外，可能會讓答案變得相當具體，這要多加注意。

舉例來說，

「這場會議結束之後，要去『哪裡』呢？」

你覺得這個提問如何呢？聽到這個問題，讓人有種得要具體回答出「B公司」的氣氛。但就對方來說，如果他不是很想回答，可能會含糊回以「我可能會去C城市那附近吧」。

如果出現了對方擺明想要含糊帶過的氣氛，就會變得有點尷尬。讓對方不必要地多加顧慮，這就違反了用閒聊款待對方的目的了。

像這樣，避開突然要對方講出具體答案的問題最保險。也請別忘記對方可能不想要回答你的問題。提出問題時，要替對方保留退路是種禮儀。

在此推薦大家使用**「怎樣的？」「如何做？」「要去哪個方向？」**之類的字詞。只要注意使用籠統一點的字詞，剛剛的提問就會變成以下這樣：

「這個會議結束之後，你打算怎樣過啊？」

「這個會議結束之後，你打算要去哪個方向呢？」

這類問題應該比剛剛的「要去哪裡？」更加溫和，對此，對方不管是回答「B公司」或是「到C城市那附近去」都不會讓人感到不自然。

也就是說，提出讓對方不管怎樣回答都可以的問題才是最頂級的款待。當然，接下來根據對方的回答，可以更深入也可以擴展話題。只不過，即使碰到這種狀況，也盡量要注意別提出要求對方說出限定或是具體回答的問題。

## 2 同一個主題更深入的提問最多三個

第二個禮儀，**同一個主題的提問最多三個。**

如果中途轉換話題那就沒有問題，但執著在一個關鍵字上，只是不停深入挖掘的行為，這並非提問而是偵訊了。舉例來說，如果以下這種對話不停延續下去，你會有什麼感受呢？

A：「你之前提到的，公司內的登山活動如何啊？」

B：「參加的人比我想像的多，非常熱鬧喔。只不過我平常運動不足，隔天肌肉痠痛超慘的。」

A：「那你這次為什麼會想要參加登山活動啊？」①

B：「因為平常運動不足，想說可以藉機運動一下也不錯。」

A：「花多少時間才爬到山頂啊？」②

B：「出發後穿插休息，大概花三小時吧。」

A：「登山活動大概多少人參加比較恰當啊？」③

B：「這我也不太清楚耶，這次我們公司有十個人參加。」

A：「登山前的準備給人很辛苦的印象，實際上怎樣啊？」④

B：「這個嘛，行李很多，準備起來確實相當辛苦。」

A：「登山的魅力在哪裡啊？」⑤

B：「應該是可以接觸大自然吧……」

像這樣針對「登山」這個主題深入問了四、五次之後，再怎樣都讓人感到厭煩、窒息了吧。請把「問題最多三個」當成一種禮儀。

如果以這次的例子為例，你可以從對方回答中出現的「運動不足」這個關鍵字，問出「你之前有從事過哪些運動嗎？」，慢慢將話題往其他方向推移，逐漸改變話題比較自然。

除此之外，從「公司內活動」這個關鍵字，進一步擴展出「其他還辦過怎樣的活動啊？」這類話題。

別執著在一個話題上，請意識著慢慢偏移話題提出問題。

## 3 提問後要等待對方開口

第三個禮儀，**問完問題後要閉上嘴巴。**

當你問完問題後，對方可能會沉默思考該怎麼回答你的問題。此時一個不小心就會違反禮儀。你可能會無法忍受這個沉默又追加其他問題，或是慌慌張張補上其他問題。這也是我前面提到的「不擅長傾聽的人」的特徵之一。

舉例來說，你是否曾經有過以下對話呢？

A：「貴公司新開了大型的商業設施，那感覺怎樣啊？」

B：「嗯～～……」

A：「就人潮之類的啦。我在想是不是很熱鬧……開幕前電視節目也製作了特別節目播出，所以我很好奇。那個，就你知道的範圍講就好了啦……」

我在 P149 也曾提及過，你問完問題之後，在傳接球中來說，現在是對方持球的狀態。這種狀態中如果你還繼續丟球，很明顯就是個違反禮儀的行為吧。在對方回傳給你時，你才可以加以應對。越不習慣沉默的人越容易違反這個禮儀，所以請千萬多加注意。

# 自然延續對話的「鸚鵡學舌」與「摘要」

## 「鸚鵡學舌」挑重點講

為了在閒聊之中可以貼近對方的心情，除了提問以外，**「鸚鵡學舌、摘要」**也很重要。

這是因為當你聽人說話時，如果只用常見的「是」這類的應和詞，很容易讓對話呈現一面倒的狀況。也會讓對方感覺「他真的有聽懂我在說什麼嗎？」等不安。

在此，可以利用重複對方說出口的話，或是稍微摘要一下來取代應和詞，向對方表達「我有好好聽你說話喔」。藉由鸚鵡學舌重複關鍵字並加以擴展話題後，也有能以此為起點，雙方都能認知接下來的話題方向性的優點。

A：「前幾天，公司的晚輩換工作，終於到他夢想中的法國餐廳當廚師了。」

B：「法國餐廳的廚師嗎？」

A：「就是啊，轉換跑道到完全不同的業界真的很需要勇氣呢。」

B：「換工作真的很需要勇氣。」

A：「你有換工作的經驗嗎？」

B：「我只有在同一個業界工作的經驗，A先生有嗎？」

像這樣，就算你沒辦法找到新的話題，只是從上一段對話抓出關鍵字重複說一次，就能讓對話自然產生節奏。如果只是短時間聊聊天，靠鸚鵡學舌就足以成立。

## 「摘要」要抓到對方情緒的動向

只不過，當閒聊時間變長時，沒辦法只靠鸚鵡學舌來應對了。對方也會產生「都只有我在說話耶……」的不安。在此只要稍微加進一點摘要，就能夠消除對方的不安。

你可能會覺得和鸚鵡學舌不同，摘要好像很困難。在此，請讓我說明摘要時的重點。

首先，聽完對方說話時，**除了「這是怎樣的內容」之外也考量對方**

**的感情後，用一句話來表達看看。**不用想得太難，簡單的一句話就好。

舉例來說，對方說了他在超商抽獎抽到三獎。這用一句話來表達就是「運氣很好的幸運話題」、「日常生活中的小幸福」等等的吧。

在此最重要的一點，就是要掌握對方的情緒，判斷這是悲傷的話題、開心的話題、愉快的話題或是令人驚訝的話題。從對方說話的方式以及表情，理解這是一段帶著什麼情緒的話題後，用一句話來摘要。

情緒是話題的核心，如果要再填補一些內容，接下來就要關注**「專有名詞」**。當專有名詞出現時，也容易建立起話題的骨架，所以千萬別錯過了。店家的名字或是地名等等，只要抓到這個，不僅摘要，也能在鸚鵡學舌時派上用場。

接下來，聚焦在話題的主軸上，意識著**「何時」「何者」「在何處」「做了何事」「結果如何」**。順帶一提，話題的主軸，就是讓你思考「第一個用一句話來表達」的對方情緒產生變動的場面。

聽對方說話時，為了不錯過這些點，就需要專注去聽。接著在摘要時，要注意別混雜你自己的意見或價值觀。當你想要表達自己的情緒時，別混雜摘要，而要傳達出「這是你的心情」。

光只是這樣，對方就會對你有好好聽他說話感到安心，也會提升信賴感。

# 中斷引不起興趣的閒聊

## 在對方發現你很無聊前換話題

但很遺憾的，也不是每次對方提及的話題都能讓你感到很有興趣。閒聊這東西牽涉的領域廣泛，總是會出現怎樣都無法有興趣的話題。

只不過，如果對方發現你感到很無聊、一點也沒興趣時，你和對方的心理距離也會越拉越遠。也可能在那之後，和對方不管做些什麼都會有尷尬的感覺。

為了要盡量減少這類的風險，請大家務必記住以下這些**「轉換話題**

的應對方法」。

## 1「話說回來」

舉例來說，對方可能是想要炒熱氣氛，開始說些別人的八卦或是黃色話題。如果這類話題讓你感到不舒服，你也沒辦法產生共鳴，請狠下心直接轉換話題。

這邊最先要推薦的就是「話說回來」這個接語詞，如果你想避開的話題遲遲不結束，你可以拿出一個關鍵字，像「話說回來，你去過○○這家店了嗎？」這樣轉換場面，切換到其他話題上。

當然也能使用「話說回來，你時間上沒有問題嗎？」打出想要結束閒聊的訊號。

## 2 「突然想到，可以問一件事嗎？」

當你用閒聊款待對方時，也會遇到對方開心自我炫耀個沒完沒了的狀況。當然，你的忍耐也是有極限的。

在這種時候，先用「很少看見像〇〇先生這麼能幹的人！」「我都聽入迷了……」等誇獎對方的語句當作緩衝後，馬上說「突然想到，我可以問一件事嗎？」提出轉換話題的建議，掌握主導權。

接著切換成與剛剛炫耀內容完全無關的話題，此時不需要注意話題推移，切換成和剛剛毫無脈絡關聯的話題也沒問題。

# 人數多最適合訓練閒聊

## 把現場氣氛交給別人就好

到目前為止，我說明了閒聊中如何傾聽對方的方法。
只是，交流溝通這檔事果然只能靠累積實踐經驗來習慣。
在此，我想要介紹一個非常好的地點讓大家去練習傾聽。
那就是**「三個人以上，很多人一起聊天的場面」**。
應該有人一對一時有辦法聊天，但很不擅長一大群人一起聊天。其實要訓練傾聽，多數人一起聊天的場面是最佳場景。

首先，一群人交流中會有一個負責主導的人，每個人在其中控制場面的比例並不相等。既有引導話題走向的人，也有只是聽人說話的人。你不需要全力努力也會有人開口說話，所以可以放鬆力量，用自己的步調參加。

那是能讓你不需過度意識自己的說話方法，**可以專注在「傾聽方法」上的絕佳場所。**

思考就算你沒辦法好好應對，也有其他人能用其他話題緩和氣氛的可能性，就完全不需要害怕了。不僅如此，就算感覺自己有點失敗了，也可以怪罪在當場整體的氣氛上，這對你和誰的人際關係的影響度，遠比一對一時來得小。所以你應該可以不在意失敗，努力去做。

今後如果有機會碰到許多人聊天的場面，首先別太貪心想做這個又想做那個，先決定好「對話中加入摘要」或是「提問」等傾聽方法中的一個課題後再參加。原本讓你感到痛苦的多人閒聊場面，肯定也會因此轉變為讓你感到興奮期待的場面。

Column 6

# 鍛鍊「觀察能力」的無聲影片訓練

在以款待對方為目的的閒聊當中，重點在邊理解對方是以怎樣的情緒說這段話邊聽。在此向大家介紹，最少能判斷出對方抱持正面情緒或負面情緒的訓練。

請試著無聲觀賞電影、YouTube 影片等影像作品，只有一小段也沒關係。

你當然不知道話者在說些什麼，也就是說，你必須從非語言要素中想像這是一段帶有什麼情緒的內容。觀察得到答案後，接著再聽聲音來對答案。

訓練本身不困難，但只要重複這個訓練，就能培養出「關注話者表情及肢體語言」的習慣。

推薦大家可以有效利用
難以聽清楚聲音的時間

# STEP 5

# 不會破壞信賴關係的說話方法

## 「說話方法」只要沒大為失敗就好了

### 「說話」總是伴隨風險

在最後一個步驟中，我要來談「說話方法」。其實當你在STEP 1中明確訂定閒聊目的，並徹底學會到STEP 4為止的「自我揭露」、「話題」、「傾聽方法」後，你應該不再對閒聊感到壓力了吧。

只不過，對話就是傳接球，你也沒辦法一直沉默不說話。那麼在零壓力的閒聊當中，該在說話方法上意識哪些要點呢？

那就是**別大為失敗**。

這裡提到的「大失敗」，指的是你的發言傷害對方，導致至今建立起來的信賴關係完全崩潰。正如存在著「失言」這個詞彙，「說話」這項行為本身就伴隨著風險。

但是，越不擅長閒聊的人，也常常沒有察覺自己說話時大失敗了。

在此，我首先想向大家說明怎樣會出現閒聊中的大失敗。

# 讓自己別說太多的方法

## 讓你話太多的兩種心理狀態

容易造成閒聊大失敗的，就是話太多。

話太多的人當中，有把自己的情緒和想法全部吐出來說給對方聽，藉此抒發壓力的人。但閱讀本書的不擅閒聊的大家，應該不是這類型的人吧。

大概不是因為很想說話才說個沒完，而是**自己也很混亂，所以才不停說話。**如此一來，也會提高連不必要說出口的也全說出來的風險。

覺得自己不擅閒聊卻太多話，主要發生在以下兩種心理狀態下。

## 1 尋求認同的慾望太強時

第一個是希望對方了解自己時。想得到他人認同，也就是**「尋求認同的慾望」增強的時刻。**

特別是對自己沒有自信時，不小心就會想要打腫臉充胖子，希望他人認同自己是有價值的人的心情也會變得強烈。根據聊天的對象不同，可能會出現「想被他喜歡、不想被他討厭」的心情過度強烈的狀況。

這種時候，就會不小心在自己擅長的領域中，滔滔不絕誇大自己是有能且出色的人。如果對方對這個領域一點興趣也沒有，只會成為非常無聊的時光。

就算對方對這個話題有興趣，也會覺得你是個很自戀且不誠懇的人。

也就是說，不管怎樣都只會給對方留下負面印象。

## 2 害怕沉默

第二個，**就是過度害怕沉默。**

你是否曾因為太過害怕沉默，而不自覺說太多話呢？我覺得某種意義上來說，這樣的人是很仔細觀察對方後努力說話的人。在對方出現正向回應之前，會不停改變話題或表現，努力把對話延續下去填補時間。

但這可能沒有重點，也可能不停重複相同話題，絕不能說是讓對方感到舒適的時光。

我在這邊提及了兩種人會說太多話的場面，我想你應該可以理解，當你說太多話時只會帶給對方負面的結果了吧。

另外，**也請千萬別忘記，因為你太多話，連帶剝奪了對方說話的時間。**對方也有無論如何都想對你說的話，卻沒時間說出口，也可能因此感到不滿。

這很明顯並非以款待為目的時的適當行為。

## 自己的事情十秒內說完

以款待為基本原則的閒聊，最大前提果然還是要好好聽人說話，所以你說話的時間盡可能越短越好。

那麼具體來說，一次說話的時間大約要控制在多長的時間內呢？

根據美國大型通訊公司ＡＰ通訊，在二〇一二年所實施的調查中發現，十八歲到四十五歲的成人，專注力的持續時間**平均為八秒**。

你或許會對這個數字感到驚訝，但從電視廣告大多以十五秒為基準製作這點來看，這應該是相差不遠的數字。也就是說，就算你滔滔不絕說了一大堆話，對方的專注力也早已消散，即使聽進耳中，大腦也沒有確實理解。

如此思考後，**你一次說話的時間最好抓在十秒鐘以內。**

當然，你想說的話不見得全都能在十秒內說完。偶爾會自我揭露，闡述結論或是提出問題等等，有時也需要較長的時間。

如果感覺會超出十秒，那就請意識著以十秒為一個單位，組織你說出口的話。

舉例來說，三十秒就切分成三個十秒說「序論、本論、結論」，四十秒就切分成四個十秒說「起、承、轉、合」，盡可能平均組織說話的內容。

這只是個約略基準，所以不需要嚴格遵守。但考慮著對方的專注力後做切分，就算你說話的時間稍長，也能減輕對方的負擔。

## 閒聊不需要結論

利用「起、承、轉、合」說明時，可能有人會想「是不是該一開始就先說結論比較好啊？」。

在商場上或許會接受「不管什麼事情都從結論先說起」的教育。

但說到底，**閒聊就是終極的閒話家常，並非需要時時刻刻意識著結論的東西。**

一段話如果有「結論」這個終點，確實比較容易聊得熱絡一點。但我想大多數的人都沒有這樣的說話技術，而且這也不是可以輕易練就起來的技能。太執著做結論反而危險。

閒聊，和發表意見的簡報，以及互相交換意見的議論不同。請大家記住，如我以下所舉，閒聊中模糊結論或是含糊帶過都是可以被允許了。

A：「你每天都會吃早餐嗎？」

B：「我每天早上都吃麵包。」

A：「是喔！我是米飯派的人。」

B：「大家喜好都不同，但不知道哪種對身體比較好耶。」

A：「不清楚耶，但我覺得應該是有吃比沒吃好吧。」

B：「說的也是。」

當然正因為是閒聊，話題從一個主題上逐漸脫軌是常見的事情。享受這個過程應該也是閒聊的魅力吧。想要勉強做出一個結論，也伴隨著強迫對方接受你的意見的危險性，得多加注意才行。

用剛剛的例子來說：

「和麵包比較，米飯沒有添加物，脂肪含量也壓倒性地少。而且吃飯和吃麵包時的配菜也完全不同，吃麵包時常會搭配培根之類的，所以熱量容易偏高。所以我認為考量身體健康，早餐吃米飯才正確。」

像這樣，即使做出結論對方也不見得會感到開心吧。

閒聊就是和對方的傳接球，與其做出自以為是的結論替對話作結，倒不如丟個問題給對方，讓彼此可以互相靠近，這點應該更重要。**在閒聊當中，對方所追求的不是結論，而是舒適的氛圍。**

# 別多說多餘的一句話

## ◎短短一句話會瓦解信賴關係

除此之外，當你變成話者時，容易出現的大失敗就是「**多說多餘的一句話**」。

話者本人或許沒有惡意，但僅僅一句話，可能會讓對方留下惡劣的印象，甚至可能瓦解至今累積起來的信賴關係。

在此我想向大家介紹，三個不小心就會脫口而出的「多餘的一句話」。你可以先試著問自己是否曾說過這三句話。

## 1 以為是客氣的「○○就好了」

這句話就話者本人來說，或許只是客氣而已。但聽在對方耳裡，可能有「沒有辦法，只好心不甘情不願選擇……」的感受。

舉例來說，以下這樣的對話帶給你怎樣的印象呢？

A：「特地請你來大阪一趟，我帶你逛逛，你想吃什麼呢？」

B：「大阪什錦燒這類麵粉類食物就好了。」

對B來說，或許他只是因為客氣，帶著「我想要吃最基本的東西」的意思說這句話。但聽在A耳中，感覺自己特地想要款待對方的心情被看輕了。如此一來，A今後對B就難以持續保持正面積極的心情了吧。

你可能因為這多餘的一句話而傷了對方，所以請從日常生活中開始**完全捨棄「〇〇就好了」的語句吧。**日常生活中也不存在用這句話最恰當的場面。如果你想要使用這類的表現，就別客氣，直接說出「我想要〇〇」等表達你的意志。

## 2 想表現自己有能的「反言之」

這與其說是多餘的一句話，應該更接近口頭禪吧。很多連本人也沒有發現，但這個表現令人意外地，常會讓聽者感到不愉快。

就話者本人來說，「反言之」這個表現包含著摘要對方說話的內容，或表達「我有聽你說話」的意圖。

只不過，在想要表達自己有聽對方說話時用「反言之」，同時也在表現你不是與對方站在同一個角度，而是故意從另一個角度來看事情。

這代表話者**深層心理中有「我和其他人不同」、「我很有能」的想法，也是期待得到對方好評的慾望表現。**但對聽到這句話好幾次的人來說，不用說當然是相當不愉快。

不僅如此，仔細分析話者說出口的話，即使他認為自己在摘要，常常也完全「不是反言之」，也就是說，單純錯用這個詞了。

如果你自覺自己有這個口頭禪，那就最好別再使用「反言之」這樣的表現了。

而且說起來，這是個難以判斷到底是肯定或否定對方的用詞。還可能讓對方煩躁不堪，是個沒有任何益處的用詞。

## 3 「變胖了？」等關於外貌的批評

面對一個久違不見的人，會滿不在乎說出「感覺你好像很疲倦耶？」的人，傷到對方的可能性極高。除此之外還有「變胖了？」「你皮膚好差喔。」「健康檢查是不是有紅字啊？」等關於對方外貌的白目發言。

這些人自以為在擔心對方，但太欠缺體貼對方的心思。這些人總是只對自己有興趣，不會用大腦多加思索，就把自己的情緒或想法直接說出口。

含蓄一點說，可以用「我行我素的人」來形容這些人，但就聽者來說，只覺得他在說自己壞話。

只不過，會說出這類白目發言的人根本沒有病識感，需要花上很長的時間才有辦法改善。就算覺得「我沒有說過這種話」，應該也無法保證你至今從來沒有說過類似的話吧。

首先，**希望你可以從試著思考自己「或許也說了這類多餘又白目的一句話」開始做起。**

為了預防白目的一句話，就需要好好觀察對方，試著站在對方的立場思考後再發言，這最有效果。一開始先從別想到什麼說什麼，先收回大腦思考一下之後再說。說出口之前，先自問「如果我聽到同樣一句話，我會不會不舒服？」後再開口。

## 賠罪時絕對不可以「多說一句話」

這些多餘的一句話，擁有毀壞至今建立起的信賴關係的破壞力。只不過，大家都是人，很有可能不小心做出這種事情。

這種時候，最重要的就是誠摯地老實向對方賠罪。只不過，不小心就會多說一句話的人，在賠罪時也會脫口而出多餘的一句話。本人自認為很認真賠罪，卻會讓身邊的人感到煩躁不堪。

舉例來說，是不是明明在賠罪，卻想要辯解或是正當化自己的行為呢？順帶一提，辯解就是：

「我說了讓你感到不愉快的話，真的很不好意思。但是我真的沒有想要讓你感到不愉快。」

這樣的說話方式，透露出你想要盡量卸責的態度。

另外，正當化自己的行為就是：

「我確實有不好的地方，但其他人也會說出相同的話對吧。」

這類與社會上其他人相比較，雖然部分承認自己有責任，但也想要表達「我也沒做出那種大受責難的事情啊」的態度。這聽在對方耳中，一點也沒有受到誠心道歉的感覺啊。

如果覺得自己多說了一句話，就先賠罪。而且要多加注意，賠罪時也別多說不必要的話。

# 說壞話是高風險高收益的行為

## 強大影響力的「共享秘密」

再接著說，當你成為話者時，最容易出現大失敗的，就是**把別人的壞話或是小道消息當成話題。**

這當然並非針對眼前的對象，而是關於藝人或是雙方共同認識的朋友。或許有人會感覺，即使只是小小的抱怨，也能和關係尚淺的人一瞬間打破藩籬，是個強大的武器。

A：「我們社長超小氣，就算和他一起去喝酒也是各付各的。」

B：「是喔，真的假的啊。真希望他可以大方點請客耶！」

A：「就是說啊！我月薪超少的耶。但你千萬別跟我們社長說啊。」

B：「好，這當然啊！」

你或許也曾經和他人有類似的對話吧。看起來確實是和氣融融，氣氛相當開心呢。

順帶一提，這是**共享秘密帶來的心理效果**，藉由無法告訴其他人的秘密，帶給對方特別感。另外，聽到秘密的人也會產生「他是如此信賴我」的同伴意識，也更滿足了尋求認同的慾望。

不僅如此，受到特別對待的心情，會讓聽者產生「自己也得要回以同等秘密才行」的報恩性心理。

## 避免風險的閃躲方法

看到上述內容，或許會讓你覺得說壞話等共享秘密，在閒聊的場面中不僅可以闖入對方的私人領域，感覺是個相當強大的武器。

但想要活用這個方法，如果和對方的關係沒有一定程度的親密，那會相當危險。面對關係尚淺的人，不管你抱怨誰，聽在對方耳裡都會覺得相當沉重。

不僅如此，不管你和對方的關係是否密切，這個秘密最後都有可能曝光。也就是說，你需要有背負這些風險的覺悟才能使用這個技巧。

如果對方拿說人壞話來當話題，你也要注意別過度配合對方，這很可能在一段時間過去後來扯你後腿。

如果感覺對方似乎想要對你說誰的壞話了，可以用「我之前和他一起工作時，沒有給我這種感覺耶」這類的話自然地打圓場。或者「那還真是辛苦你了」把焦點放在對方的心情上，說一句貼近對方的話。

說人壞話在心理上可以帶給對方特別感，但**其風險也相當大。**因此我建議大家，你想要抱怨誰時，僅限於推心置腹的朋友以及家人就好了。

## 讓對方樂在對話中的技巧

### 向對方提問別太客氣

當你成為閒聊中心時，你也會對自己能炒熱氣氛感到很開心吧。想要和對方一起開心聊天聊得熱絡，當然就不能都自己一個人說話。偶爾也要把話題拋到對方身上，得到對方的反應。

此時，可能會出現「問這種事情會不會太失禮了啊」的心理。這種心理影響下，你會像口頭禪一樣，每次問問題都會先加上一句：

「可能有點難以回答啦……」

「不用勉強回答也沒關係……」

對話者本人來說，大概是為了不要造成對方不愉快，替自己留退路的同時款待對方吧。如果一、兩次當然無所謂，但如果每次提問都如口頭禪般加上這句，再怎樣都會帶給對方「他好像對我很客氣耶……」一道心理高牆的感覺。

為了不需要加上這樣一句話，想藉由提問來擴展自己的話題時，請意識以下兩個重點：

## 1 加入對方的名字

首先第一個是「○○先生，你覺得如何呢？」，或是「○○先生，你不這麼認為嗎？」，**說話時加入對方的名字。**

這是因為，加入對方的名字可以縮短與對方的距離，也能創造出對話熱絡起來的契機。

不僅如此，藉由說出對方的名字，有明確表達出「我想聽你的意見」態度的好處。只是說出對方的名字，就可以把提問的效果提升數倍。

## 2 留下反駁餘地

第二個重點，就是要用「如何呢？」或「不這麼認為嗎？」等籠統表現來提問。

藉由這類問句來**保留反駁餘地。**

如果對方和你有不同想法，就必須要在提問時下功夫，讓對方容易說出自己的意見。絕不可以說「○○先生，你也和我有相同想法吧？」，向對方施加與你同步的壓力。

## 讓對方「擴展話題」

擴展話題時，如果總是你問對方問題，那也未免太失衡。

我接下來要向大家介紹，引導對方開口問你問題的方法。乍看之下會感覺很難，但其實只要製作一個單純的機關就能實現。

你認為人類在什麼時候，會想要開口問他人問題呢？

那就是，**自己所想的事情和眼前發生的事情不一致時**，也就是有差距的時候。

舉例來說，對方是個身高一百九十公分的男性，看到這樣的人，你應該會思考這個人從事怎樣的運動。

但在那之後從對方口中聽到「我學生時代都是靜態社團呢」時，你有什麼感覺呢？你腦海中大概會浮現「什麼？這種天賜的體格竟然不是體育社團？」及「應該有很多社團來邀請他加入吧？」、「而且話說回來，是什麼時候開始抽高的啊？」等許多好奇的疑問。

像這樣**「雖然〇〇，但其實是╳╳」**讓句子出現反差，就是讓人想開口提問的要素。

也就是說，如果想讓對方提問，勝負關鍵就在你如何讓對方腦海中浮現「雖然〇〇，但其實是╳╳」。

舉例來說，我認識一位精神科醫師，他就在名片的名字旁邊寫上「我很怕見血……」，看到這句話時，你應該會浮現「雖然是醫生，但其實很怕血」的句子吧。

這種時候，你應該會很想要問「所以也沒有辦法抽血嗎？」，或是「話說回來，沒有考慮過醫生以外的職業嗎？」「所以才選擇精神科嗎？」等等問題吧。

當然不利用這類名片，也可以在聊天中慢慢誘導對方。

醫師：「差不多該到公司健檢的時期了對吧？」
患者：「對啊，每年十月都會收到通知。」
醫師：「我也是相同時期。但我很怕見血，真是討厭……」
患者：「咦？你怕見血啊？」

就像這樣，不著痕跡地提出關鍵字，讓對方發現你的話中有反差。

**重點在於要自然且不經意，不小心說出口的感覺。**

至於要用怎樣的頻率與速度感說出口才有辦法讓對方發覺，這就在實踐中慢慢琢磨自己的感覺吧。

如果有「我沒有那麼多反差耶……」的煩惱，那就客觀地回顧自己在身邊的人眼中是怎樣的人吧。

剛剛「雖然○○，但其實是╳╳」中的「○○」，基本上也包含外表、氛圍、職業給人的印象等要素。因此你需要理解自己容易帶給他人怎樣的印象。舉例來說，像「感覺很文靜」、「感覺很愛玩」、「感覺冷酷且冷淡」等等。

接下來，為了要創造出反差，把你覺得和自己給人的印象完全相反的特徵或事情填入「××」中，如此一來：

「（雖然看起來很文靜）其實我喜歡搖滾樂團呢。」

「（雖然看起來冷酷且冷淡）其實我很常去動物園。」

就會出現這些反差。

順帶一提，這個「××」**只要是稍微有點興趣的事情就好。**「（雖然看起來很愛玩）其實我最近開始打坐。」也足以讓閒聊成立。別把難度拉得太高，試著準備一些可以輕鬆擴展話題的小點子吧。

## 發現對方「問問我吧」的訊號

我剛剛介紹了「讓對方主動提問的訣竅」，但其實**人類會在無意識中向他人表現希望對方詢問的事情。**

大家應該曾有過，不經意地向他人表現想讓人提及的事情，試圖讓對方開口詢問的經驗吧。像是上美容院的隔天，三不五時就直摸自己的頭髮之類的。

對方當然也有相同習性。

舉例來說，當對方突然開口問「你是哪裡人啊？」時，回答之後請務必回問「那○○先生是哪裡人呢？」。

這種時候，對方可能想要談論這個話題，所以才會把這個關鍵字說出來。當你回問後，可能會得到「我是岡山縣一個人口只有一千五百人的小島的人喔」這令人驚訝的答案。

**人只要可以說出自己想說的話，就能提升對這次對話的滿足度。**所以在款待對方時，察覺對方想說的話題，肯定可以讓對方感覺和你聊天非常愉快。

Column 7

# 停止話太多的訓練

有「太多話」煩惱的人，就算想要停下嘴巴，也很難光靠自己的意志力來改善吧。那就反覆以下練習，讓身體養成閉上嘴巴的習慣吧。

拿一顆橡膠球（等容易抓取的東西）在手上看電影或連續劇，此時請把自己當成主角，訓練規則有三：

①主角說話時把球拿在手上

②主角沒說話時（其他人在說話時）把球放在桌上

③手上沒有拿球時一定要好好閉緊嘴巴

藉由意志與動作相連結，就可以把「閉嘴」這個行為烙印在身體上。藉由反覆練習，就可以預防在聊天時太多話。

我是主角
①說話時

我是配角
②沒有說話時

Column 8

# 美容美髮院是最適合實踐訓練的地點

閒聊就是人與人之間的交流溝通，所以需要透過實踐累積經驗。我最推薦的對象就是美容美髮師。

在美容美髮院裡，你一定會有一個專屬的負責人，這是最適合拿來練習一對一對話的場合。當然根據美容美髮師的個性不同而有所不同，但對方應該也抱持著得要和顧客聊天的意識。至少，絕對不會忽視你想要聊天的意思。就算你沒辦法聊得熱絡，對方也會幫忙打圓場，不讓氣氛變得尷尬，所以請放心。

接著，當你把這個閒聊當作練習時，絕對要事前決定好自己的課題之後再挑戰。舉例來說像「今天要自然地帶入自我揭露，然後中途換話題」。只要一點一滴累積成功經驗，你肯定可以從「聊天壓力好大」的煩惱中解脫。

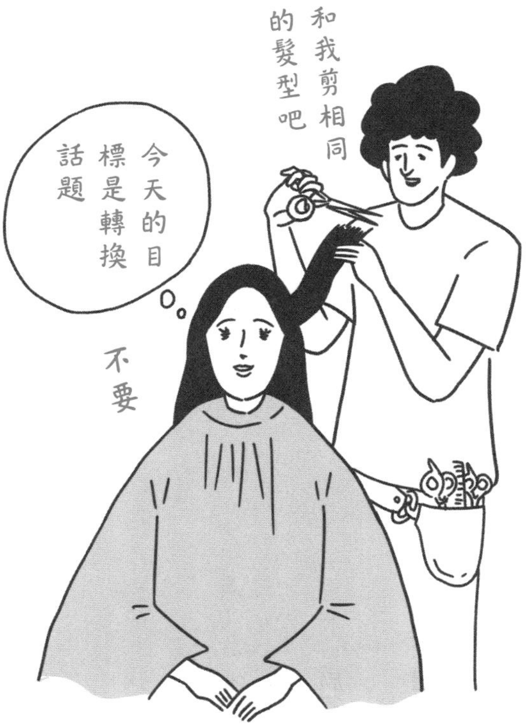
和我剪相同的髮型吧
不要
今天的目標是轉換話題

# 結語

非常感謝大家閱讀到最後。

閒聊終究只是交流溝通的一環，在此會深刻反映出人際關係的問題。

我身為精神科醫師與產業醫師，病患來找我商量的內容，其實很多都是源自於人際關係中的糾紛。有很多案例都讓我想著，如果雙方都有想要款待對方的心情，應該就不會發展成如此大的糾紛了吧。就像這樣，我聽了許多人在交流溝通上的煩惱，所以希望讓更多人知道閒聊的重要性以及思考方法。

只是，實際執筆寫作本書前，我也煩惱了「這真的是我可以寫的東西嗎……」，這是因為社會上大多數的人，都難以想像醫師和他人閒聊的樣子。我也很擔心，大家會不會覺得閒聊的醫生欠缺誠懇或是很沒有品味呢。

但當我回想起恩師，國分醫院的木下秀夫醫師的診療時，我的不安輕而易舉就消失了。從他透過閒聊和患者建立起良好的關係，兩人三腳一起治療疾病的樣子，讓我重新學習到閒聊有多重要。

不僅如此，看見來找我的諮商者，消除對閒聊的不安變得有自信的樣子，也成為推我執筆寫作本書的最後一股力量。在此，我想向大家介紹這位諮商者讓人留下深刻印象的小故事。

這位諮商者出社會後，和初次見面的人說話的機會也增加，在此重新體認到「自己很不擅長閒聊」，每當遇到需要閒聊的場面時，他都會緊張到腦袋一片空白，慌張到連自己在說什麼都不清楚。他就在這種壓力達到極限時來找我諮商。

最讓他大受打擊的，就是在偶遇學生時代的朋友時，出現「在這邊出聲喊他是不是會讓氣氛變得很奇怪啊……」的想法，讓他沒辦法主動開口。他對「我不擅交流溝通」的想法已經嚴重到讓他限縮自己的人際關係了。

在那之後半年，我和他一起逐步進行本書中所寫的各項訓練。他絕對沒有變得相當擅長閒聊，但他創造出即使碰到需要閒聊的場面時也不會感到不安的思考迴路後，就變得不再感到壓力了。接著在一年後，他非常開朗地去參加碰巧接到邀約的高中同學會。

我想，他現在肯定過著不會對閒聊感到壓力的生活吧。我一路在旁看著他的變化，也開始對自己有自信，我在本書中想要傳達給大家的內容並沒有錯誤。

閱讀完本書的大家，肯定也能和他一樣有所改變。我打從心底祈禱，希望大家可以消除對閒聊感到的壓力，讓人生可以活得輕鬆一點。

井上智介

國家圖書館出版品預行編目資料

零壓力閒聊 / 井上智介著；林于楟譯 . -- 初版 . -- 臺北市：平安文化, 2022.09　面；　公分 . --（平安叢書；第 733 種）(溝通句典；57)
譯自：ストレス０の雑談　「人と話すのが疲れる」がなくなる
ISBN 978-626-7181-09-6（平裝）

1.CST: 溝通技巧 2.CST: 說話藝術 3.CST: 人際傳播

192.32　　111012590

平安叢書第 733 種
**溝通句典 57**
# 零壓力閒聊
ストレス０の雑談
「人と話すのが疲れる」がなくなる



作　　者—井上智介
譯　　者—林于楟
發 行 人—平　雲
出版發行—平安文化有限公司
台北市敦化北路 120 巷 50 號
電話◎ 02-27168888
郵撥帳號◎ 18420815 號
皇冠出版社（香港）有限公司
香港銅鑼灣道 180 號百樂商業中心
19 字樓 1903 室
電話◎ 2529-1778　傳真◎ 2527-0904
總 編 輯—許婷婷
執行主編—平　靜
責任編輯—陳思宇
美術設計—江孟達、李偉涵
行銷企劃—鄭雅方
著作完成日期— 2021 年
初版一刷日期— 2022 年 09 月

法律顧問—王惠光律師

讀者服務傳真專線◎02-27150507
電腦編號◎342057
ISBN◎978-626-7181-09-6
Printed in Taiwan
本書定價◎新台幣 320 元 / 港幣 107 元